寓教于乐

儿童玩具书设计的创意与实践

欧阳莉 著

中国文史出版社

图书在版编目（CIP）数据

寓教于乐：儿童玩具书设计的创意与实践 / 欧阳莉
著 . —北京：中国文史出版社，2023.12

ISBN 978-7-5205-4503-7

Ⅰ . ①寓⋯ Ⅱ . ①欧⋯ Ⅲ . ①学前教育—教学研究
Ⅳ . ① G612

中国国家版本馆 CIP 数据核字（2023）第 231006 号

责任编辑：李晓薇

出版发行：中国文史出版社

社　　址：北京市海淀区西八里庄路 69 号　　邮编：100142

电　　话：010-81136606　81136602　81136603（发行部）

传　　真：010-81136655

印　　装：三河市龙大印装有限公司

经　　销：全国新华书店

开　　本：787mm×1092mm　1/16

印　　张：11.25

字　　数：250 千字

版　　次：2024 年 7 月北京第 1 版

印　　次：2024 年 7 月第 1 次印刷

定　　价：78.00 元

目录

00 导论

幼儿书的玩具化设计是一种对幼儿书设计的新方式的探讨，目的在于设计出融合幼儿成长天性、调动幼儿求知兴趣、兼具开发其智能和潜能的书。综合蒙台梭利的感觉教育理论、皮亚杰的认知心理学、加德纳的多元智能理论和陶行知的生活教育理论，突破传统的幼儿书的设计方式，设计可以充分调动幼儿的五感、适合幼儿的认知需求、开发幼儿的多方潜能，并让幼儿体验生活的实战性的幼儿书。通过总结传统幼儿书和玩具的利弊，进而推演出幼儿书的玩具化设计的趋势，并在方法和形式上进行尝试和探讨。

第一节　课题背景与意义

■ 一、研究背景

儿童图书发展有着丰富的历史，从欧洲到美国，再到亚洲各国，每个时期都有其独特的发展轨迹。在中国，特别是近年来，儿童图书市场的繁荣也反映了社会对儿童教育的关注度的提升。这对培养儿童的智力、创造力和阅读习惯都起到了积极的作用。

在儿童成长的初期，良好的启蒙教育能够奠定坚实的基础，培养他们对知识的兴趣和探索精神。同时，儿童图书的多元化发展也为家长提供了更多选择，使他们能够更好地满足孩子的个性化需求。

数字化时代的来临对儿童图书市场也带来了新的挑战和机遇。互联网为儿童图书的销售提供了更广阔的渠道，但同时也需要注意如何在数字媒体中保持高质量的内容，确保儿童在阅读中既能获得乐趣，又能获得有益的知识。

通过对立体书等创新形式的研究，可以为儿童图书领域带来更多新鲜的元素和趣味性，激发孩子对阅读的兴趣。

儿童图书市场的发展既受到国家政策的引导，也受到家庭和社会对儿童教育的不断关注。通过儿童玩具书的研究，希望未来能够继续保持对高质量、创新性的儿童图书的追求，为孩子们提供更好的阅读体验和成长空间。

在当前的教育和心理学研究领域中，儿童玩具书设计已成为一个重要而独特的研究主题。这种书籍结合了传统阅读材料与互动玩具的元素，旨在为儿童提供一种既富教育意义又具娱乐价值的学习体验。随着科技的发展和教育理念的更新，儿童玩具书的设计与应用已经从简单的文字和图片组合发展到包含多感官刺激、互动技术甚至增强现实（AR）元素的复杂布局。

选择这一研究主题，主要是基于对当前儿童教育方法的深入思考。传统教育方式往往侧重于书本知识和标准化测试，而忽视了儿童天性中对游戏和探索的需求。儿童玩具书的设计不仅满足了这两项需求，还提供了一种新的学习途径，它可以激发儿童的好奇心和创造力，同时帮助他们在游戏中学习新知识和技能。

■ 二、研究意义

玩具书在儿童文学和儿童发展方面具有

多重意义。在儿童文学上，玩具书丰富了儿童文学发展的形式，推动了儿童文学的创新和发展。

教育意义：玩具书的研究是基于对象的认知、能力、心理等基础上，进行适合对象的设计研究，有利于促进儿童语言和认知发展。通过阅读玩具书，儿童接触到文字和丰富的语言，有利于提高其理解能力和想象力，玩具书丰富的视觉和图文结合有利于激发儿童的阅读兴趣。这一领域的研究有助于深化我们对儿童学习过程和认知发展的理解。研究儿童如何通过和玩具书互动来吸收知识和发展技能，可以为教育心理学和早期儿童教育提供重要的理论支持和实践指导。从实际应用的角度来看，这些研究成果能够直接指导教育工作者和家长如何选择或设计有效的教育工具，以促进儿童的全面发展。

文化传承：玩具书作为幼儿接触社会的重要载体，对文化传承起到积极的推动作用，借助玩具书传递文化传统和价值观念，有助于传承文化遗产，保留特定文化的重要元素，进行跨文化的交流。

艺术审美：玩具书的研究是对其视觉多感官的研究，提升玩具书的审美功能和艺术价值，给予幼儿最美的视觉呈现，激发创造力和提升艺术的审美。

技术拓展：随着数字媒体的普及和科技的进步，儿童玩具书设计的研究也在不断拓展新的领域。例如，数字化玩具书可以通过互动软件、虚拟现实（VR）和增强现实（AR）技术，为儿童提供更为丰富和身临其境的学习体验。这些新兴技术的融入，不仅使玩具书更加吸引

儿童的注意力，而且为研究者提供了新的途径来探索儿童的学习过程和认知发展。

儿童玩具书设计的研究对于理解和促进儿童的早期教育具有重大意义。它不仅有助于优化儿童的学习环境和教育材料，还为教育者提供了宝贵的见解，以设计更具吸引力和教育价值的教学工具。因此，这一领域的研究无疑会对未来的教育理念和方法产生深远的影响。

■ 三、研究价值

（一）理论价值

多学科融合：玩具书设计研究是结合了心理学、教育学、美学等多学科的综合研究。

历史发展与文化传承：追溯儿童图书的发展历程，能够了解儿童文学在不同时期的演变和文化传承。这有助于研究者更好地理解文学对儿童认知、情感和价值观的影响。

幼儿教育理念：基于多种教育理念的基础，在研究中能够融合创新，吸取众家之长，进行教育理论的创新性研究，从设计的维度进行幼儿教育，带来新的维度和视角。

幼儿学科研究：玩具书研究从儿童心理学进行深入探讨，通过分析玩具书对儿童情感、情绪和行为影响，可以揭示儿童的心理发展规律，为儿童心理健康提供理论依据。

设计研究：是一种设计方法学的探讨，在产品和视觉设计中进行跨专业的交叉与融合探究，通过多种元素、多感官的设计融合，探索新的设计方法理论。

文创研究：玩具书作为一种幼儿文化创意

产品，融合文化传统的内容，不仅有助于推动创意产业的发展，促进经济增长，而且有利于了解不同文化的差异和共同点，推动文化交流与理解。

（二）实践价值

在文化传播方面，玩具书有利于促进出版业和文化产业的发展，也有助于儿童理解和尊重不同文化，促进文化教育。

促进销售：玩具书不同于传统儿童书，以新的形式和艺术面貌呈现在幼儿和家长面前，促进了儿童书的销售，带来商业的利润。玩具书的市场价值是传统童书的几十倍，商业利润可观。

亲子阅读：玩具书有助于拉近家长和孩子间的亲子关系，共同分享阅读乐趣，促进对家庭教育的研究。

（三）社会价值

教育实践的改进：研究可以提供有关如何设计出更有效的学习工具的实践指导。玩具书如何通过其设计促进儿童的全面发展，如通过增强记忆力、促进语言能力、提高逻辑思维等等。

设计实践的深化：玩具书设计研究可以拓展设计领域的知识边界，特别是在儿童产品设计中如何有效结合功能性与审美性，如何处理用户体验和互动性的问题。

文化教育的角色：通过玩具书传递文化价值和历史知识，研究可以探索文化教育在儿童早期发展中所扮演的角色，并分析如何通过玩具书设计促进文化多样性和文化传承。

第二节　研究目的与方法

■ 一、研究目的

本研究的主要目标是设计一系列既适合儿童又具有教育意义的玩具书。这些玩具书旨在通过吸引儿童的兴趣和激发他们的想象力，来促进儿童的认知和情感发展。

■ 二、研究动机

玩具书设计是作者在研究生时期的课题，并设计一套玩具书作为毕业创作。从 2005 年至今，作者一直在关注着儿童玩具书这一领域，玩具书的发展也见证了儿童书在国内外的发展。近几年，国内的儿童书出版机构也开始投入资金到这一领域，出版了令人惊艳的儿童书，乐乐趣等出版机构开始投入原创的开发，出版了大量关于中国传统文化的儿童玩具书。

中国社会当前发展的主题是构建和谐社会，提倡人性化的教育，坚持以人为本，全面、协调、可持续的发展观。正如加德纳所说："时代已经不同了，我们对才华的定义应该扩大。教育对孩子最大的帮助是引导他们进入适应的领域，让他们因潜能得以发挥而获得最大的成就感。"教育儿童必须先了解他们的喜好、玩乐，站在他们的角度，用他们的眼光看世界。如果儿童喜欢图画书，那么他们的积极性和主动性就能被调动，同时他们的想象力和创造力在这种状态下也能得到最大限度的发挥，从而让我们的教育事半功倍。

基于人性化教育的宗旨和幼儿的特性，在设计幼儿书籍时将玩具的设计方法与书的设计方法进行相应的结合，为幼儿设计出适合他们阅读和游戏的玩具书，让他们在快乐中成长学习。幼儿书籍的玩具化设计的核心目的就是从儿童的兴趣和天性出发，设计利于他们成长的玩具书，提高他们阅读的兴趣，培养他们的创造力，开启他们的潜能。

■ 三、研究方法

需求分析：首先，通过对儿童的年龄特点、认知发展阶段以及兴趣偏好的研究，确定设计玩具书的基本要求和方向。这一步骤包括对儿童心理学家、教育专家和家长的访谈，以及对现有儿童玩具书市场的分析。

设计原则制定：基于需求分析的结果，制定一系列的设计原则和标准。这些原则将涵盖书籍的内容选择、视觉设计、材料使用、互动元素的整合等方面，以确保所设计的玩具书既安全又能够有效地促进儿童的学习和发展。

原型设计与测试：根据设计原则，创建一系列的玩具书原型。这些原型将通过与儿童的互动测试来评估和完善。测试环节将重点关注儿童对玩具书的反应、互动方式及学习效果，以确保最终产品能够满足儿童的需求和兴趣。

反馈收集与迭代：测试阶段后，收集儿童、家长和教育专家的反馈意见，并根据这些意见对玩具书进行必要的修改和优化。这一过程可能会经历多次迭代，以确保最终的设计能够达到预期的教育目标和质量标准。

最终产品开发：在多轮迭代和优化后，完成最终的玩具书设计，并准备进行生产和推广。

这一阶段还将包括对市场推广策略的规划，以确保这些创新的教育工具能够有效地触及目标受众。

第三节　研究内容

■ 一、传统文化的传播

通过设计类似玩具的儿童书籍进行文化传播，是一个复杂的过程，其中社会的价值观、规范、故事和艺术表达被传递给青少年。这些书籍作为载体，以一种儿童易于接触和参与的形式，承载着文化遗产的丰富性。通过将传统故事、民间传说、符号和语言融入富有趣味性和互动性的设计中，儿童书籍可以向幼小的心灵介绍广泛的文化知识和实践。

这种传播形式至关重要，因为它确保了文化身份的连续性，同时也促进了不同社区间的尊重和理解。通过玩具化书籍的有形媒介，儿童可以亲手接触到文化概念，这种方式在教授习俗、传统本土文化或其他文化的历史方面特别有效。这些书籍的趣味性往往涉及拼图、积木或互动式讲故事元素，不仅能提供娱乐，还能将文化学习更牢固地植入记忆中。

此外，这类书籍的设计通常融入了本地艺术、手工技艺和视觉美学，这可以培养他们对文化艺术遗产的独特欣赏。例如，一本关于中国新年的玩具书可能包含作为互动元素的红包，可以给儿童讲发红包的传统；而一本关于美洲原住民文化的书可能使用纺织品作为触感元素，让儿童接触到原住民的图案和手工艺。

这些玩具书可以作为桥梁，将过去带入现在，并使其对未来有所意义。通过玩耍来与文化元素互动，儿童可以发展归属感和理解自己在文化连续体中的位置。这不仅学习了文化知识，还有助于从小培养全面的世界观。

此外，这类书籍的设计往往需要跨学科合作，将教育、心理学、艺术和文化研究领域的专家会集在一起，以创造一个在教育上合理、在心理上吸引人、在文化上尊重人和在美学上令人愉悦的产品。这种协作努力确保通过玩具书进行的文化传播不仅仅是传统的复制，也与当代儿童的经历相呼应。

在全球化的背景下，通过儿童书籍进行的文化传播对于培养全球意识和多元文化素养也具有重要意义。随着社会联系变得更加密切，理解和欣赏文化多样性变得至关重要。类似玩具的儿童书籍可以在此发挥作用，通过向儿童介绍世界各地的生活方式、信仰和艺术，从而培养出重视多样性和包容性的一代。

■ 二、学科交叉的研究

玩具书的设计在学科交叉探索方面起着至关重要的作用。它不仅仅是一个将信息和知识传递给儿童的工具，更是一个将不同学科领域结合起来创造全新教育体验的平台。

首先，玩具书的设计本身就是一个多学科整合的过程。这涉及教育学家、心理学家、艺术家、设计师、工程师乃至科技专家的合作。教育学家提供关于儿童学习和发展的理论基础，心理学家贡献对儿童心理和认知发展的见解，艺术家和设计师则确保玩具书的视觉和感官吸引力，而工程师和科技专家则可能涉及玩具书中互动技术的实现。

其次，在内容上，玩具书往往包含来自自然科学、文学、历史、艺术等领域的主题。例如，一个关于恐龙的玩具书可能会结合古生物学、地质学、生物学和故事叙述来创造综合的学习体验。这种跨学科的内容整合，有助于儿童建立跨主题的联系，促进他们的整体认知发展。

此外，玩具书的设计还可以推动新的教育方法的探索。通过玩具书，可以将游戏化学习、互动学习和体验学习等现代教育概念具体化。例如，使用增强现实（AR）技术的玩具书可以使儿童在与虚拟世界互动的过程中学习，提供更丰富的多感官体验。

在制作玩具书时，设计师必须考虑到儿童的不同学习阶段和能力，这就需要他对教育心理学有深刻的理解。同时，为了确保书籍内容的准确性和教育价值，与科学家和专家的合作也是必不可少的。这种合作不仅促进了各学科之间的对话和理解，而且有助于创造出既准确又能够激发儿童好奇心的学习工具。

玩具书也可以是一种社会文化研究的工具，通过故事和互动元素向儿童传授社会规范和文化价值观。例如，通过玩具书可以向儿童介绍不同文化的节日、习俗和传统，增进他们对多元文化的理解和尊重。

总而言之，玩具书的设计作为一种学科交叉的探索，不仅促进了不同领域专家之间的协同合作，也为儿童提供了一个丰富多彩、多层次的学习环境。通过这种方式，玩具书有助于培养儿童的跨学科思维，为他们未来的教育和生活奠定坚实的基础。

■ 三、儿童创造力的激发

玩具书作为一种教育工具，对于激发和培养儿童的创造力与审美力扮演着至关重要的角色。在现代教育理论和实践中，创造性思维和审美感受力被视为儿童综合素质教育的关键组成部分。

首先，玩具书通过提供多模式的学习体验，能够激发儿童的想象力和创新能力。这些书籍常常结合使用文字、图像、声音和触感元素，为儿童提供一个互动的平台，允许他们通过游戏和探索来构建知识。例如，含有可移动部件或变形元素的玩具书可以促进儿童对物理空间的认知，同时激励他们进行创造性的问题解决。当儿童在阅读中不仅吸收故事内容，而且参与到故事情节的变化和重构中，他们的创造力得到了锻炼和提升。

其次，玩具书在审美教育方面同样具有重要作用。通过精心设计的视觉呈现，玩具书能够培养儿童的美学识别能力。这包括对颜色、形状、构图和艺术风格的认识，以及对美的更深层次的感知。随着对艺术元素的接触和欣赏，儿童可以发展出对美的敏感度和理解力，这些能力不仅限于艺术领域，而且能够广泛应用于日常生活中的审美决策和创意表达。

此外，玩具书的互动性质要求儿童参与到作品的审美创造过程中，这种参与性不仅提升了他们的审美经验，也使他们在审美实践中学习到如何表达个人的审美偏好和创意想法。儿童在与玩具书互动时，能够体验到从观念到物质化作品的创造过程，这一体验对于培养他们的审美创造力至关重要。

综上所述，玩具书通过提供一种富有创意和美感的交互环境，不仅促进了儿童的感官发展和认知增长，而且在培养他们成为未来具有创造力和审美力的个体方面起到了核心作用。随着跨学科教育方法的不断发展，玩具书的设计和应用将继续作为培养儿童创造力和审美力的一个重要领域。

第一章

玩具书设计概述

第一节 玩具书设计研究概述

■ 一、玩具书的概念

（一）玩具的概念

玩具是一种供人们玩耍的物品，它可以是自然界中的物体，也可以是人工制造的产品。玩具的功能和形式多种多样，可以满足不同年龄段和不同兴趣爱好的人们的需求。玩具不仅是儿童的玩伴，也是青年和中老年人的伙伴。玩具可以激发人们的智慧和创造力，让人们在玩乐中获得快乐和成长。玩具的本质是让人自由地表达自己的情感和想法，享受玩的过程和结果。

（二）玩具书的概念

玩具书是一种将玩具的元素和书的内容结合起来的儿童书，一种将知识性内容与娱乐性玩具结合的创新读物形态。区别于传统图书，玩具书通过可动的设计（如立体结构、可操作元素等），打破了传统平面阅读的限制，实现了阅读与游戏的有机融合。玩具书的分类有多种，根据其可动部件的形式和功能，可以分为立体书、翻翻书、触摸书、发声书、布书、手偶书、手电筒书等。玩具书的英文名称有多种，如 Pop-up book（立体书）、Movable book（可动书）、Playbook（游戏书）或 Toybook（玩具书）等。这类书以其独特的互动性和趣味性，重新定义了儿童文学与认知发展领域的边界，促进了阅读方式的革新与多元化。

■ 二、玩具书的研究现状

玩具书的历史可以追溯到 19 世纪的英国，当时的玩具书是一种廉价的纸质书，含有 6 页彩色插图，用来教育和娱乐儿童。随着玩具书的流行，它们逐渐变得更加精致和复杂，出现了各种可动或可变的部件，如翻页、标签、插槽和轮子等，使得它们成为一种识字玩具，让儿童在阅读和观看图片的过程中，参与到故事的创造和演绎中。这些可动或可变的部件使得玩具书具有了游戏的特征，让阅读变得更加有趣和生动。玩具书的研究主要集中在欧美国家，尤其是美国，美国国会图书馆使用"玩具和可移动书"作为一般主题标头，方便在在线目录中搜索这些书籍。玩具书的研究内容包括玩具书的历史、分类、制作、收藏、评价、教育等方面。玩具书的研究方法包括文献分析、案例分析、实验研究、问卷调查等。玩具书的研究目的是探索玩具书的特点、价值、功能和影响，以及如何利用玩具书促进儿童的阅读兴趣和能力，培养儿童的想象力和创造力。

（一）国外现状

在 ProQuest、Web of Science 数据库上以关键词 "Toy books" "pop-up books" 进行检索，得出在国外儿童玩具书这一领域，类型多集中在玩具书籍设计本身的研究、探索玩具书中的立体机关等互动装置与课程结合相关的研究，以及玩具书融合数字化发展、跨界合作等。

在玩具书书籍设计本身这一方面，Serafini、Frank、Moses、Lindsey、Bookbird 在《当代可移动图画书的符号资源分析》中对当代获奖的玩具书中的视觉、文本叙事和互动设计等进行了分析，并表示立体书打破了传统绘本的静态和固定性，使内容叙事和视觉从二维走向三维，更具有互动性。在阅读过程中，立体书相比于传统书籍而言，更具有"随机性"。文章还以立体书《一个红点》为例，从书籍的材质和其弹出式结构给读者带来的体验感进行分析，内容上设置"邀请儿童去寻找隐藏在每个弹出式结构的红点"情节，在视觉上将视觉部件与机关相互结合，扩展阅读体验。

在立体书与课程相关的研究上，Ruggiero、Alyssia 在"通过弹出式书籍探索紧急课程"绘画俱乐部中开设儿童自制立体书的新兴课程，将孩子们的愿望与他们在绘画上的兴趣点结合起来，运用立体书的形式进行表达，在制作中提升孩子的叙事想象力、运用材料能力、洞察能力和克服困难的能力。通过课程体验也能使职前教师获得与孩子们联系的信心，并以客观的方式倾听孩子的想法并予以指导，树立他们的教师角色意识。Lee Ji Hye 和 Naya Choi 在《幼儿对立体书和一般平面书的阅读反应比较》中用研究探索儿童的阅读时间、兴趣、语言反应、理解力与回忆的相关性，得出了儿童玩具书中的立体机关和图像语言相比于纯文字的书籍更能给幼儿带来好奇心和兴趣，且立体机关的出现能扩展书籍的实际面积，结合故事内容可以展现其真实感。除此之外，立体书与课程的相关研究还运用到医学上，特别是在手术中，Holly Cordray、Chhaya Patel 和 Kara K. Prickett 在《用教育立体书减少儿童术前恐惧：一项随机对照实验》中通过研究表明，使用立体书进行术前教育的效果优于标准护理，且通过数据

表明了让儿童在术前翻阅立体式书籍，会对手术与术前解释有更积极的看法，有利于缓解他们术前预期的疼痛，缓解他们的术前恐惧，这是一种低成本的干预措施。立体书与课程结合贯彻到每个领域，对儿童的帮助与作用更为直接和积极，儿童在课程中可以更为充分地学习到一些知识。与教师互动能拉近师生间的关系，不仅能促进学生成长，更能提升教师的责任感。与生物学、医学结合能够起到一定的干预作用。

App 与电子书的出现对立体书和纸质书进行了一定的冲击，国外学者的研究还集中在立体书融合数字化发展的领域。例如，2018 年吴培芬、旷仪扇等人在国际期刊《增强现实对创造性思维的影响》中通过一系列实验调查和采用 TCT-DP 评估立体书中的 AR 成分对儿童创造力的影响，得出了结论：结合 AR 技术进行阅读，能够丰富儿童的视觉感知体验，提升他们的创造力。2015 年，Michael Begay 在《设计儿童互动弹出式书籍：通过结合动画原则和互动设计来创造增强的体验》中将传统立体书与动画结合，在 flash 中呈现立体书的弹出式等效果，能够增强读者对阅读的体验感。此外，还有很多学者在立体书融合数字化发展领域进行探索，跳出传统手翻书形式，实现多元化发展。

（二）国内现状

在中国知网上，以关键词"立体书""玩具书""童书"进行检索，通过收集整理和分析，最后大致将文献分为玩具书市场的现状与前景研究和对玩具书设计的研究。

在玩具书市场的现状与前景研究方面，近年来儿童玩具书快速发展，并在出版规模、图

书类型等方面取得了显著成效。在儿童玩具立体书方面，2022年，唐莉在《我国儿童立体书的出版现状与创新方向》中用调查数据表明，立体书出版社规模递增，其市场价值逐渐显现，且我国儿童立体书本土开发经验逐渐成熟，儿童立体书内容逐渐聚焦于中华文明这一主题。2021年，光明网转载《人民日报》（海外版）文章，称"国内原创立体书完成了从0到1的飞跃"，据其不完全统计，国内涉及立体书的出版社有60多家，销量也达到了近万，其中原创立体书《打开故宫》一年销量就达到20余万册。除此之外，互联网的发展带动了网络电商平台的发展。2019年，李宁在《新媒体电商发展下的童书营销模式探析》中提到，当今社会正处在"互联网+"的风口上，线下和线上结合的形式有利于让少儿出版图书的价值最大化。利用好"社群电商"的优势，有利于解决家长选择图书的难题，更有利于图书的精准化推送。线上销售同样具有分类性强的特点，有利于消费者按照其需求进行选择，解决了产品销售的难题之一。

在对玩具书设计的研究方面，玩具书设计研究又分为玩具书设计内容研究和玩具书的互动性设计研究。

在互动性设计研究上，玩具书融合了"五感"的方式，与触觉、嗅觉等形式进行结合，意在给儿童更多维度的体验，也符合幼童的身心发展特征。例如，2016年，秦勇在《我国儿童触觉类图书的发展探析》上指出，图书不仅能够起到传达视觉的作用，还可以传达听觉、嗅觉和触觉等，触觉类图书更符合认知习惯还没定型的儿童，通过阅读触觉类书籍可以使儿

童的全身感觉投入阅读中去。基于2011—2015年不同出版社儿童触觉类图书的出版情况得知，触觉类的图书在市场上的占比小，属于具有发展潜力的小众图书。2011年，孙爽在《从视觉到触觉的儿童书籍设计研究》中也阐述了关于儿童的审美心理特点和对儿童触觉敏感度进行的研究，意在让儿童在阅读书籍时不仅停留在书籍内容本身，更重要的是让儿童多维度地感受与提升审美。"五感"图书大多融合了游戏的模式，2014年，范晓婕在《玩具书与儿童图书的游戏化趋势》中运用实际案例介绍了音效书、洞洞书与贴纸玩具书等，并强调其多功能、互动性有利于更好地调动儿童的感官，且立体化的设计也更具有互动性。2012年，文闻在《立体书设计与儿童创造力之关系探析》中也提到"目前立体书归类在书籍的范围，但呈现出的是书本和玩具相结合的'游戏书'的特征，对提高儿童的想象力和创造力具有重要意义"，他也强调了这种结合需符合儿童身心发展特点，才能更好地起到启蒙作用。除此之外，还融入了数字化的领域，例如，2021年，史雯华在《增强现实技术在立体书中的应用》中强调了AR技术给阅读者带来的多维体验，采用虚拟与现实相结合的形式，有利于突破局限性、降低成本、增强表现力，与外国学者的研究相呼应。

在设计内容研究上，国内对玩具书内容的研究分为与传统文化结合的玩具书研究和科学生物科普类书籍研究，还有些玩具书内容涉及玩具书与课程相结合等领域。在玩具书与传统文化相结合这一方面，2019年，周雅琴、王宇晗在《探析本土原创童书创新发展的新思路》

中提出将童话书与中华传统文化相结合，将传统文化进行创造性转化和创新性发展，有利于提高儿童的身份认同，提升儿童的文化自信。除此之外，还有研究涉及具体的传统文化与玩具书结合，且这部分研究多落实到实践中，将理论与实践相结合。例如，2021年，齐格在《基于视觉叙事理论的湘潭火龙立体书设计研究》中，在了解湘潭火龙的文化背景下，将湘潭火龙这一非遗文化进行视觉再现，运用立体书的形式进行表达。在立体书与课程相结合这一方面，2020年，付久强在《图式理论视阈下儿童编程立体书设计研究》中将编程课程与儿童立体书相结合，引导把无形的逻辑思维转化成有形的存在，书籍基于儿童认知图式理论进行设计，更符合儿童的接受心理和实际需求，为儿童提供完备的编程教育实践体系。

但玩具书在发展的同时仍面临着挑战，例如，2011年，王娜娜在《纸本玩具书的设计发展历程以及其在中国的发展现状》中提到，玩具书的发展面临着人力成本高、价格昂贵等问题。她认为，"书籍造型的趣味性，内容与机关结合的恰当性已被视为一个书籍制作者设计最为关键的方面"，也提出了书籍设计师应打破传统视角、观念与设计方式对书籍进行设计的展望。2016年，朱薇在《我国儿童玩具书市场前景分析》中指出，市面上大多数玩具立体书存在着内容背离了儿童的接受心理和实际需求的问题，呈现出一定的功利性色彩，且玩具书市场还面临着价格昂贵，性价比不高，内容出现同质化、应试化、盈利化、缺乏创新等问题。并引出了希望设计者在设计玩具书时建立在儿童的心理需求上，且市场需要加强对玩具书市场的管理与出版社需要建立品牌意识等展望。

在对于玩具书前景的研究中，玩具书成本、质量与内容等问题受到诸多学者的关注和重视，且大多数学者在调查中认为，当今玩具书市场出现同质化现象，玩具书的色彩虽然强烈，但内容大同小异，"快餐式"设计融入玩具书市场，但优秀的玩具书作品宣传力度不足。因此认为，玩具书市场需要相关人员大力宣传优秀的玩具书作品，对相关同质化产品进行严格把关，设计师需要正确认识不同年龄段儿童的认知行为习惯，建立在儿童的需求和成长基础上进行玩具书设计。

现有的研究表明，国内的玩具书发展充满机遇和挑战。在机遇层面，基于国家对启蒙教育事业的鼓励和社会对教育的需求逐渐增加、互联网电商平台发展的背景下，儿童玩具书的发展平稳向上，且在中国图书出版中所占的比重不断增加。随着数字化不断发展，AR技术不断受到国内外学者的重视，"五感"立体书也逐渐开展深入研究，但立体书也存在着价格昂贵、人力成本高等问题，在内容方面面临的创新性不足、内容粗糙和内容背离了儿童的接受心理和实际需求等问题，在未来也面临着电子书和App的角逐和竞争。

因此，将基于儿童年龄段的接受心理与需求，对不同年龄段的儿童认知与心理进行分析和研究，再结合"五感"中的触觉、嗅觉等形式进行探索，研究儿童心理与"五感"的相关性，基于其中融合娱乐性、具有游戏性的玩法，让儿童在玩中学，增加儿童多维度玩法与体验。发挥实体书的优势性和体验感，并进行深入研究。

■ 三、传统儿童书现状

（一）内容饱满

传统的幼儿书，如小人书、连环画等读物对幼儿的教育起到了积极的作用，有丰富的内容让幼儿去阅读。"新千年的儿童图书"引发了各方面的丰富多彩的论述。伦敦大学著名教育专家玛格丽特强调，新千年的儿童图书要让孩子在阅读之后对自己更有信心，对别人（包括外国人、陌生人）产生更多的兴趣；新千年的儿童图书不能仅是简单地重视过去，而是要描述未来，与年轻读者的社会未来和情感未来紧密相连。巴西作家尼尔曼认为，新千年的儿童图书要多描述未来、责任和义务。法国人类学家米切尔认为，新千年的儿童图书要多关注人类的自我发现。1998 年安徒生文学奖获得者、美国作家凯瑟琳以《新世界的桥梁》为题，突出了新千年作家与儿童的交流程度的重要性。阿根廷作家、翻译家蒙塔斯以《森林和狼》为题，论述了工业文明及全球化时代儿童图书的新探索。

1. 儿童文学

以内容为主的传统童书影响了几代人的成长。鲁迅先生曾说："倘若有人作一部史，将中国历来教育儿童的方法，用书作一个明确的记录，让人明白我们的古人以至我们是怎么被熏陶下来的，则其功德，当不在禹下。"（鲁迅《我们怎样教育儿童的》）以儿童文学为主的童书，是直接影响少年儿童精神生命健康成长的最深刻、最广泛的教育载体与途径。从晚清、民国至今，儿童文学走过了百年历史，影

响着数代人的童年，内容的熏陶和教化在无声无息之中。

2. 民间故事

民间故事、文学作品、动画片中的主人公（如布拉吉诺、不倒翁捷布拉什卡、白雪公主等）都有自己的外貌特征，但又有行为方式的规定性和稳定的道德特征。布拉吉诺、白雪公主等永远是好的、善良的、正义和诚实的，而卡拉巴斯和女巫科尔娜杜耶总是坏的、凶狠的、不公正的和虚伪的。有意思的是，在故事本身，正面人物并没有表现出那么多的良好特征，反面人物也没有表现出许多不良特征，这些都是儿童后来赋予他们的。由于故事的主角娃娃具有道德面貌的标准，所以儿童把自己所有的道德经验都集中在他们身上，并表现出具有人际关系的情节。"有性格的"娃娃、故事主角娃娃不仅受女孩喜欢，也受男孩喜欢。心爱的玩具教儿童善良和对娃娃、对他人认同的能力。

（二）形式趋同

虽然幼儿书对幼儿的早期教育起到了一定的促进作用，但是幼儿书与幼儿关系的密切度和合适度有多少，也是需要研究和探讨的问题。

1. 文多于图

目前，市场上的幼儿书为了迎合父母的心理，很多书都承载着丰富的文字内容，很少的图画。但这与幼儿的认知水平和兴趣背道而驰。根据少儿喜欢看图的特点，儿童读本中的故事、儿歌应通过图片展示，图大文字少，一幅图就是一个故事情景，再配以简洁生动的文字对画面情景进行简单说明，让孩子通过看图

理解故事。这不仅符合少儿以形象来认知世界的心理特点，更能启发他们的形象思维和丰富的想象力。儿童书应该考虑到孩子的乐趣，出他们喜欢的书。

2. 情感单一

儿童插图是书籍插图中比较特别的一类。幼儿读物的受众是特殊的群体——幼儿，插图要符合幼儿的心理和生理特点，注意在创作中兼顾夸张性、装饰性、想象性、拟人性、游戏性和启发性。插画家既要拥有一颗童心，又要具有更深远的视角，对培养幼儿感知世界、认识世界起到帮助。现在书店里有很多儿童读物使用了照片或电脑程序生成的插图，虽然照片对于儿童来说，可以为他们认识世界提供一种准确和真实的参照，但是这些插图并不符合儿童的生理和心理特点，更重要的是，抹杀了儿童的想象力和创造力。在儿童读物中应该更多地使用手绘插图，这样会更突出人性化，使儿童在学习知识的同时从小就接受艺术的熏陶。

3. 模式固化

这点是幼儿书最大的问题和潜力所在，很多家长反映，孩子不喜欢故事、儿歌，究其原因是孩子不喜欢干巴巴的、纯文字的东西。而且，当今的少儿不同于几十年前的孩子，小人书、连环画就可以满足

那个时代的幼儿的需要。但是，社会的日新月异带给幼儿的视野和兴趣都在与时俱进。而他们的读物设计也不能停滞不前，需要突破现有的模式，以全新的面貌展现在幼儿面前，吸引他们的注意力，产生阅读的兴趣。

第二节　玩具的概述

■ 一、玩具起源

玩具并不是劳动工具的转化，而是一种用来愉悦精神的游戏性质的产物，是一种独立于劳动工具之外、满足人的精神需要的东西。玩具的历史，也是人类创造史的缩影，玩具是一定社会和时代科技文化发展的产物。

在初期，许多玩具并不是用于玩，而是用于祭祀，充当某种观念的信物。

表1-1　玩具的历史

朝代	形态	特点
新石器时代	小型陶球和石球	较原始，多发现于儿童墓葬
先秦时期	罕见	娱乐活动兴起，手工艺发达
夏、商、周三代	陶人俑、动物俑	殉葬玩偶代替人殉，玩偶代替祭祀用的牺牲品，对玩具发展起到了推动作用
汉代	瓷器玩具	多见于《汉书·礼乐志》，玩具已有假头、假面、风筝、竹马等种类
魏晋南北朝	小人、小狗、小鸡、小簸箕	华丽的釉彩，注重外表的形式美感
隋唐时期	泥塑玩具、陶瓷玩具、竹木玩具等	陶制玩具和泥制玩具在质地和色彩上都有了很大的进步

续表

朝代	形态	特　点
宋元时期	专业化和商业化鼎盛	泥制的胖娃娃，造型生动传神
明清时期	泥塑、陶瓷、竹木、纸扎、草编等材质	集中在自两宋就开始生产玩具的地区，河南的开封、禹县，山东的淄博，江苏的苏州，广东的潮州等；专业化和商业化，种类也是五花八门

■ 二、玩具分类

（一）功能分类

1. 节令玩具

玩具与节令习俗。玩具在节令习俗中是非常活跃、非常生动的角色，在节日中发挥其独有的功能：装点环境，渲染气氛，增加节日欢乐、喜庆的气氛。节令玩具的产生背景与气候、气象有关。如春节的烟花、元宵节的花灯、清明节的风筝、端午节的香包等，都是节日里重要的元素。

2. 观赏玩具

用于观赏性的玩具，功能比较单纯，侧重于形象的塑造，具有一定的地方性特点和知识认知特点。如泥人、绢人等。

3. 音响玩具

可以发出声音的玩具，具有娱乐性和认知性的玩具，比较适合低幼儿童。包括乐器、锣鼓等。

4. 益智玩具

用来启发智慧、刺激大脑活动的玩具，具有逻辑性、数理性、竞技性。如纸牌、华容道、棋类、七巧板、益智图等。

5. 运动玩具

用来户外活动、体育器械的功能玩具，具有锻炼身体、娱乐等功效。如蹴鞠、铁环、毽子、风筝等。

6. 实用玩具

具有生活功能的玩具，服饰、生活使用或食品使用。如老虎枕、糖灯影、唐塔等。

（二）材料分类

根据玩具的材料可以分为泥玩具、布玩具、竹木玩具、纸玩具、金属玩具、陶瓷玩具和其他玩具。不同的材质带给儿童不同的感受，在感觉这一章节进行详细探讨。

1. 木质玩具

木质玩具是比较大的玩具品类。在玩具行业中，木质玩具一直被认为是十分传统、怀旧味道相当浓郁且长久不衰的产品，其独特的质感、肌理、安全性是木质玩具的特点。木质玩具一般是由木材或合成木材制作而成。中国传统木制玩具不仅韵味十足，还具有深厚的文化底蕴和浓郁的生活气息。前人将数学、哲学、空间等原理融入玩具中，寓教于乐，如五连环、鲁班锁、七巧板、华容道等。

2. 金属玩具

金属玩具给人以坚硬结实的感知，常用于制造铁皮玩具、车类玩具等玩具。传统的铁皮玩具，铁皮火车、如铁皮青蛙都是20世纪七八十年代的童年回忆；现如今的金属玩具，有溜溜球、旋转陀螺等。

3. 塑料玩具

塑料是玩具中使用最多的材料，它塑形能力比较强，易于加工，色彩鲜艳，容易清洁，适合制作不同的玩具产品。

4. 毛绒玩具

毛绒玩具以毛绒面料和其他纺织类材料为主要面料，内部填塞各种填充物。软性玩具，给人的感觉比较柔软，亲和力强，所以深受小朋友的喜欢。现在的纺织类材料更多样化，触感和温度都不同。

5. 纸质玩具

纸质玩具材料便宜，容易包装，可以锻炼儿童的动手能力。主要用于制作一些以拼、折为主的玩具产品。

6. 黏土玩具

黏土玩具可以调动儿童的主动性和创造性思维，促进家长和儿童之间的互动沟通。可以让儿童进行个性和想象力创造。

还有很多新材料运用于儿童玩具中，玩具书的设计采用玩具的材料，突破了传统玩具书的纸质材料。不同的材料带给儿童的体验感不同。

■ 三、玩具角色

（一）从发展理论探讨玩玩具在孩子发展中的角色

1. 认知发展理论

认知的发展要通过探索、操作、思索过程。玩玩具的游戏过程，可以提升心智，帮助新的技巧的熟练与获得。

2. 感觉统合理论

神经传导系统的统合能力是学习的基础，玩玩具的游戏过程，可以促进神经传导的整合功能，进而奠定学习的基础。

3. 神经生物理论

神经生理的发展是所有其他发展的基础。玩玩具的游戏过程，可以促进身体动作、肢体协调，奠定神经生理的基础。

4. 行为理论

行为是可以透过行为改变技术修正的。在玩玩具的游戏过程中，经历的探索、发现、解决问题的过程，可增进行为处理层次。

5. 心理分析理论

早期的生活经验影响人格与行为的养成。早年愉悦的玩玩具的游戏经验，有助于行为、人格的正向发展。

（二）玩具是儿童心理发展的手段

游戏作为幼儿自发的活动，是幼儿身心和谐发展的基础，因此，要通过游戏对幼儿进行综合指导。美国各学科国家课程标准中，也都体现了促进儿童主动学习的思想，如《国家科学课程标准》特别强调，标准"所赖以制定的前提是：学科学是积极主动的过程"。

从心理发展的观点看，不同年龄儿童的区别首先在于他们力所能及的和特有的活动形式的不同。例如，1岁儿童基本上是摆弄物体——敲、拉，把一个玩具放在另一个之上；学前儿童则从事构筑活动，用积木搭起复杂的大楼，还有绘画、泥工，在游戏中再现周围生活事件，以及他所喜爱的童话故事情节。

KidzEyes、Funosophy 2004年节日最受欢迎礼物调查的结果显示，463名幼儿中有40%选择玩具，只有3%选择书籍。从中反映出两个问题：一是证实幼儿的兴趣是好玩，玩是幼儿的天性；二是从侧面反映出目前的书籍对儿童的吸引力不够，不能满足幼儿本身的需求。

玩具是孩子的专利，也是孩子的生活重心。所谓"玩中学"，就是通过游戏操作的过程，帮助孩子训练手眼协调的能力以及平衡感和触感的建立。

玩具是儿童生活的伴侣，是儿童认识世界的教科书。儿童反复操作玩具，是认识物体的形象和特征、了解物体结构和性能知识的认知过程。另外，玩具有助于幼儿了解成人世界，获得情感上的满足，促进他们与同伴的交往。总之，玩具在幼儿身心全面发展中起到其他任何东西都难以替代的积极作用。

玩具是儿童心理发展的手段，它训练儿童走向同时代的社会关系系统中去。玩具是为娱乐和消遣服务的物品，但同时又是儿童心理发展的工具。每个儿童都和自己的娃娃或动物玩具建立起独特的情感关系。每个儿童在童年都按自己的方式迷恋自己的玩具，并通过它们体验到各种各样的情感。

■ 四、玩具局限

对于幼儿的发展，大多数家长对玩具的喜好大于书籍，玩具的数量和品种是大于书籍收藏的。在玩具设计本身，只有部分玩具是学习型和启智型的，其他的玩具只是玩玩而已，对于玩具的利用率不是很高。我们可以充分地挖掘其内在潜质，使玩变得更有意义和价值。卡尔·威特教育思想认为，玩具对幼儿的教育带来不良影响和作用，不提倡为孩子购买玩具。

表 1-2　现有玩具优缺点

玩具名称	优缺点
玩具车	优点：可促进孩子在各阶段的肢体动作发展，能训练大小肌肉，培养方向感、手眼协调能力 缺点：各阶段需要的玩具车不同，若配合各阶段所需，花费会提高。玩具车占的空间大，数量多会不好收藏。此外玩法很少，玩具寿命时期短
积木	优点：利用单元组合，训练孩子的想象力、脑力，培养耐心、手眼协调能力和空间的概念 缺点：物件很多不好收拾，有些积木体积过小，有尖锐的角，易刺伤小朋友
建构玩具	优点：扩充性很强，具备多变性，具有挑战性，可以让孩子学会使用小工具 缺点：零件太琐碎，不好收藏，有的零件太小，小孩容易误食

（一）文化底蕴薄弱

不少玩家认为，本土玩具设计缺少浓厚的文化背景。米老鼠、唐老鸭、Hello Kitty 等世界玩具品牌的成功，都与营造一种独特的流行文化息息相关。在掀起流行文化潮流方面，中国玩具设计正在改进和升级之中，逐步开始融入传统文化。世界著名的玩具公司绝大多数在中国建起了加工厂，如美泰、孩之宝、多米、乐高等。

（二）教育意义单一

玩具的确能给孩子带来快乐和愉悦，但是带给他们学习的成分并不多。大多数父母之所以买玩具，一方面是因为孩子禁不住玩具的诱惑，而在销售玩具的场所要求父母买，父母碍于面子或照顾孩子的自尊心只得同意；另一方面则是父母为了让孩子打发时间。卡尔·威特把其他孩子玩玩具的时间都用来教小卡尔读书或观察事物，而且小卡尔本人也乐意这样。小卡尔自幼就懂得在书本和自然中找到乐趣，所以他根本没有必要利用玩具消磨时间。

玩对于幼儿来说不仅仅是兴趣，更重要的是在玩的过程中可以逐步开发孩子的智力。幼儿的注意力、观察力、记忆力、想象力、操作能力都是玩出来的。如何发挥玩具的玩的特性，同时又能让幼儿在玩中学到更多的东西，是值得我们去探讨和研究的问题。

第三节　游戏的概述

■ 一、游戏的定义

采用游戏的方式，是想让孩子通过玩游戏更好地学习。人类的游戏活动随着人类的思维发展而进步，而且这些游戏活动大多是从生存和生活方式演变而来的，称之为学习的游戏。在《游戏文化学》这本书中，作者把学习的游戏分成三个阶段，即模仿游戏、练习游戏、参与游戏，不同阶段不同年龄，有着不同的学习方式。幼儿阶段，老师一般会采用模仿的游戏方式，模仿是初始阶段；练习游戏是一种思维与身体活动的协调过程；参与游戏，既是一个学习游戏的过程，又是一个练习游戏的过程，感受到愉快，满足心理需求。提高游戏的参与度，是提高游戏水平的最佳方式，激发学习的兴趣。学中玩和玩中学是各大理论都在论证的观点，保持两个方面的平衡。

玩具是游戏的物化产品，实体游戏对应实体玩具，电子游戏对应虚拟的产品。研究玩具，需要挖掘背后的游戏逻辑。本书研究的是玩具游戏。每个玩具都有游戏的规则，规则就是每个游戏的灵魂，如何玩、怎么玩，就是游戏的设计者的策划和谋略。

表1-3　游戏的定义

国家	学者	观点
英国	游戏设计师皮尔斯（Pearce，2002）	游戏是一种结构化的框架，目的是让玩游戏这一行为流畅进行。他的定义是在研究电脑游戏时提出的
美国	游戏研究者科特·撒龙（Katie Salen）和埃里克·齐默尔曼（Eric Zimmerman）	游戏是玩家参与规则定义的虚拟冲突，继而产生能够量化的结果的机制。游戏遵循某种限制玩家的规则来展开。《游戏的规则》（Rule of Play）
荷兰	历史学家约翰·赫伊津哈（Johan Huizinga，1872—1945）	游戏是一种自愿的活动或消遣，在特定的时空中合理进行，遵循自愿接受但绝对具有约束力的规则，游戏自有其目的，伴有紧张、欢乐的情感，玩游戏的人具有明确"不同于""日常生活"的自我意识

■ 二、游戏的目的

学会什么？体验什么？

教会他们珍惜生命、懂得感恩，教会他们乐观与自信；教会他们与人平等相处、和谐友善，给他们以积极向上的正能量；建立起与自己、与自然、与社会的关系，为人格的成长奠定基础。游戏是儿童用来娱乐的一种方式，游戏最终的目标对儿童社会性、身体及智力发展来说都很重要。

休斯（Hughes，1999）认为，儿童从游戏中逐渐意识到自我和他人，逐渐认识到我们都是有思想的人，在学前儿童的虚拟游戏中，他们的情感、智力及社会意识都参与其中。

■ 三、游戏的种类

游戏主要有两种：一种是活动性游戏，也叫感知游戏或探索游戏；另一种是装扮性游戏，也叫想象性游戏。

活动性游戏主要是以身体活动为主的游戏，通过奔跑、跳跃等动作，操作物体或从事导致感觉的活动，是一种具有体验感的活动。

装扮性游戏不仅具有活动性，也具有装扮性，一般男孩子装扮成英雄，如超人或魔鬼、妖怪；女孩常常装扮成妈妈、护士、公主等角色。多从环境中获得启发，一个物件、一个动物都能引出一场游戏。

■ 四、游戏的作用

游戏，作为一种自然的学习过程，对儿童的教育起到至关重要的作用。在儿童的成长过程中，游戏不仅是一种乐趣来源，更是一种关键的学习和发展工具。游戏在教育领域的重要性体现在几个方面：认知发展、社交技能培养、创造力激发和情感发展。

首先，游戏对儿童的认知发展具有显著影响。通过游戏，儿童能够探索和了解周围的世界，从而发展基本的认知技能，如问题解决、逻辑思维和决策制定能力。例如，拼图游戏和建筑模块不仅提供了对形状、颜色和空间关系的基本认识，还鼓励孩子进行策略规划和解决问题。

其次，游戏在培养儿童的社交技能方面同样至关重要。团队游戏和合作游戏教会儿童如何与他人沟通、合作和解决冲突。这些游戏环境提供了一个安全的空间，让儿童在无压力的情况下实践和学习社交规范，如轮流、分享和公平竞争。

创造力是游戏对儿童教育的另一个重要贡献。在自由游戏中，儿童被鼓励发挥想象力，创造自己的游戏规则和故事情节。这种类型的游戏不仅提高了儿童的创造性思维，还帮助他们在探索和实验中建立自信心和自主性。

最后，游戏在儿童的情感发展中扮演了一个关键角色。通过游戏，儿童学会了表达和理解自己的情感，同时也学会了理解和同情他人的情感。角色扮演游戏和模拟游戏等形式允许儿童在安全的环境中探索不同的情感状态和社会场景。

游戏不仅是儿童生活中的乐趣来源，更是一种重要的教育工具。它帮助儿童在认知、社交、创造性和情感方面得到全面发展。因此，在教育设计中融入游戏元素对于促进儿童的全面发展至关重要。

02

第二章

儿童认知与心理

第一节　幼儿认知与能力

幼儿的身体发展状况和动作的发展，在 3～6 岁这个时期，都有不同的特点。有了对对象的了解，才能更好地进行玩具书的设计。

幼儿读书的行为是玩具书设计的重点研究内容，幼儿的行为引导玩具书的设计，玩具书的设计也会带给幼儿不同的阅读行为。

■ 一、健康

幼儿身心发育尚未成熟，需要成人的精心呵护和照顾，不宜过度保护和包办代替，以免剥夺幼儿自主学习的机会，影响其主动性、独立性的发展。

表 2-1　3～6 岁幼儿健康领域发展表

	健　康								
	身心状况			动作发展			生活习惯与生活能力		
目标 年龄	具有健康的体态	情绪安定愉快	具有一定的适应能力（1.户外活动 2.环境变化 3.人际关系变化）	具有一定的平衡能力，动作协调、灵敏	具有一定的力量和耐力	手的动作灵活协调	良好的生活与卫生习惯	具备基本的生活自理能力	具备基本的安全知识和自我保护能力
3～4 岁	能坐直、站直	情绪稳定能快速、快速静情绪	1.能在较热或较冷的户外环境中活动 2.换新环境时情绪能较快稳定，睡眠、饮食基本正常	平地走、上楼梯、连续跳、躲避、抛球	吊杆 10 秒、丢沙包、连续跳 2 米、快跑 15 米、走 1 公里	涂画、用勺子、剪直线	按时作息，参加体育活动，饮用白开水，早晚刷牙，饭前便后洗手	在帮助下穿衣、收拾玩具与图书	不吃陌生的东西，不做危险事情，知道求助
4～5 岁	保持正确站、坐、走姿势	情绪稳定能快速、快速静情绪、愿意分享情绪	1.能在较热或较冷的户外环境中连续活动半小时左右 2.换新环境时较少出现不适	平稳走、钻爬、跑、跨跳、逐躲避、连续抛接球	吊杆 15 秒、丢沙包 4 米、连续跳 5 米、快跑 20 米、走 1.5 公里	画图形、折纸、用筷子剪简单图形	知道保护眼睛，不在光线暗或强的地方看书，连续看电视不超过 20 分钟，早晚刷牙	穿衣、整理物品	不离开大人视线，认识安全标志、躲避危险，知道求助
5～6 岁	保持正确站、坐、走姿势	自我缓解情绪、不乱发脾气、能调整情绪	1.能在较热或较冷的活户外环境中连续活动半小时以上。换新环境时较少出现身体不适 2.天气变化时较少感冒，能适应车、船等交通工具造成的轻微颠簸	斜坡走、攀爬、跳绳、躲避球、连续拍球	吊杆 20 秒、丢沙包 5 米、连续跳 8 米、快跑 25 米、走大于 1.5 公里	画图形、线平滑、用筷子剪曲线图形、线工具	每天按时睡觉、起床、细嚼慢咽，保护眼睛，连续看电视不超过 30 分钟	增减衣服，系鞋带、整理物品	不给陌生人开门，生遵守规则，运动注意安全，知道防灾知识
教育建议	提供营养饮食，保证睡眠，注意正确姿势	营造环境鼓励表达	保证户外活动经常进行；玩转圈、秋千等游戏活动；锻炼环境变化适应力	活动锻炼；平衡木、跳房子、踩高跷、滚铁环	鼓励走、跑、跳、攀、爬，上下楼梯，自己背包	创造条件和机会，引导幼儿注意活动安全	养成好习惯	鼓励；指导方法；提供条件	创设环境，安全教育；求助方法

《情绪日记》，从儿童的情绪进行选题，记录他们每天的情绪。画出一个简单表情，然后标注情感强度，记录自己每天的情绪。还可以在对页上写出当天发生的细节。

《我们在一起》，目标是寻找方式向儿童宣传眼睛保健习惯，并且让家长更多地参与孩子的视力保健。通过一只可爱的小老虎形象表现出来，通过一个个小游戏拉近了与小读者之间的距离，在互动的同时获取知识。

图 2-1 《情绪日记》1

图 2-3 《我们在一起》内页 1

图 2-2 《情绪日记》2

图 2-4 《我们在一起》内页 2

■ 二、语言

表 2-2　3～6 岁幼儿语言领域发展表

语言					
目标 / 年龄	倾听与表达			阅读与书写准备		
	认真听并听懂常用语言	愿意讲话并能清楚表达	具有文明的语言习惯	喜欢听故事、看图书	具有初步的阅读理解能力	具有书面表达的愿望和初步技能
3～4 岁	有回应	情绪稳定，快速平静情绪	能在帮助下适应	主动要求成人讲故事，喜欢跟读韵律感强的儿歌、童谣，爱护图书，不乱撕、乱扔	能听懂短小的儿歌或故事，根据画面理解含义，能理解图书上的文字和画面的意义	喜欢用涂涂画画表达一定的意思
4～5 岁	听到关于自己的信息，能理解意思，能听懂普通话	愿意交流，掌握方言，会普通话，完整、连贯地讲述故事	能回应，根据场合调整音量，礼貌用语	反复看书，复述故事，知道看过的符号的意义	能复述故事，看图表达故事，能理解情节	愿意用图画和符号表达想法，写画姿势正确
5～6 岁	能集中听老师讲话，听不懂会提问，能理解复杂句子	愿意讨论，掌握方言，会普通话，完整、连贯地讲述故事，语言生动	积极回应，根据场合调整语气，懂礼节，能用恰当的语言	专注看书，喜欢讨论内容，对图书和生活的符号感兴趣，知道其意义	能复述故事，能拓展故事，能讲出自己的想法，能感受文字之美	愿意用图画和符号表达想法，会写名字，写画姿势正确
教育建议	多听与交谈，引导倾听，用丰富语言	创设机会，引导表达	成人做榜样，帮助幼儿养成习惯	提供环境、培养阅读习惯、引导理解标志、文字符号的用途	家长共同阅读，引导理解，发展幼儿想象和创造能力。引导感受文字之美	培养兴趣，在绘画和游戏中做必要的书写准备

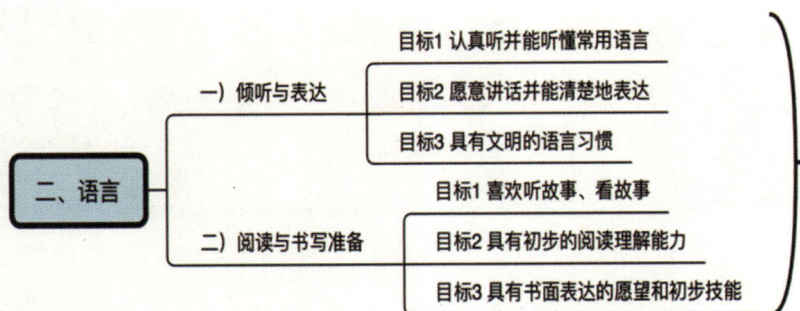

语言是交流和思维的工具。幼儿语言的发展贯穿于各个领域，对其他领域的学习和发展有着重要的影响。幼儿的语言能力是在交流和运用的过程中发展起来的。

图 2-5　语言特点概述

《睡觉字母歌》是一本可以在内容结束之前让所有人都闭上眼睛的强大的书。

图 2-6 《睡觉字母歌》内页 1

图 2-7 《睡觉字母歌》内页 2

三、社会

表2-3　3～6岁幼儿社会领域发展表

社会							
目标＼年龄	人际交往				社会适应		
	愿意与人交往	能与同伴友好相处	具有自尊、自信、自主的表现	关心尊重他人	喜欢并适应群体生活	遵守基本的行为规范	具有初步的归属感
3～4岁	愿意和小朋友一起游戏；和长辈一起活动	游戏提出要求，能在成人指导下加入同伴游戏，不与同伴发生争抢玩具冲突，能听成人劝解	能自主选择游戏；为自己的好行为感到高兴；自己的事情自己做	听长辈话；同情身边的人生病或不开心；不打搅别人	对群体活动有兴趣；对幼儿园生活好奇，喜欢上幼儿园	在提醒下，遵守游戏和公共场所的规则；知道不随便拿别人的东西，借东西要归还；在成人提醒下，爱护玩具等物品	知道和自己一起生活的家庭成员及与自己的关系；能感受到家庭生活的温暖，爱父母和长辈；说出自己家的具体位置，认识国旗，知道国歌
4～5岁	喜欢和小朋友游戏，喜欢和长辈交谈，愿意把事告诉长辈	会介绍自己、交换玩具等简单技巧加入同伴游戏；分享喜欢的东西，能主动帮助别人；发生冲突时能和平解决，接受建议；不欺负弱小	能自主选择游戏；为自己的好行为感到高兴，自己的事情自己做；敢于接受挑战	会礼貌表达想法；注意别人情绪，关心他人，知道父母辛劳	主动参与活动；愿意和大家一起参加社区活动	感受规则并遵守规则；不私自拿不属于自己的东西；知道说谎是不对的；知道接受了任务要努力完成；在提醒下，节约粮食、水电	喜欢班级集体活动，积极参加；知道当地的乡土特产；知道国旗、知道自己是中国人；升国旗要站好
5～6岁	有自己的好朋友，喜欢结交新朋友；有问题愿意向别人请教；愿意与大家分享	能想办法吸引同伴共同游戏；能与同伴合作，遇到困难时能协商解决；会倾听接受别人的意见，不也不被欺负	喜欢并主动参与游戏；会想办法让游戏玩得更好；主动做事、主动说	礼貌交往，关注别人情绪，尽量帮忙；尊重他人，珍惜劳动成果；理解他人	积极主动参加群体活动，在活动中乐学、好奇、向往	理解规则的意义，能与同伴商制定规则；爱惜物品；做错事不说谎，认真完成任务	愿意为集体做事，为集体的成绩感到高兴，能感受家乡的变化，并为此感到高兴；知道自己民族及相互友爱，爱祖国
教育建议	常与幼儿游戏，创造交往机会	结合具体情境，指导幼儿学习交往的基本规则和技能；引导换位思考，理解别人	关注感受，保护其自尊和自信心；鼓励自主独立做事	成人做榜样，引导幼儿关怀、尊重他人，引导幼儿用平等、尊重的态度对待差异	多参加一些群体性活动，体会群体活动的乐趣；打破班级的界限，不同的带小小入入参加群体活动，大带大友友学学做好心理准备	成人做榜样；帮助儿童守规则，利用图书理解规则；进行守信教育	关怀幼儿，一起游戏、看照片回忆故事；鼓励幼儿参与活动，找自己的家、我国

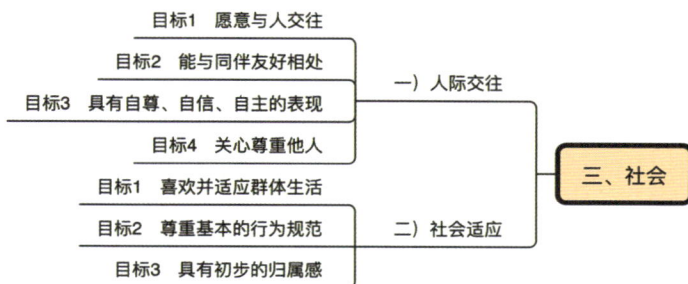

图 2-8　3～6 岁社会主题目标概述

《Tris Tras 的故事》

故事发生在几个特别的人物形象身上。一个古董时钟和它的朋友们：收音机、打印机和图书馆。它们发现了一个神秘地点，开启了一段答疑揭秘之旅。

图 2-9　《Tris Tras 的故事》1

■ 四、科学

表 2-4　3～6 岁幼儿科学领域发展表

科学					
目标 年龄	科学探究			数学认知		
	亲近自然，喜欢探究	具有初步的探究能力	在探究中认识周围事物和现象	初步感知生活中数学的有用和有趣	感知和理解数、量及数量关系	感知形状与空间的关系
3～4 岁	对自然感兴趣、好奇	仔细观察，能多感官探索并关注结果	认识动植物，感知材质，感知天气，感知动植物与人的关系	感知和发现物体的形状；体验和发现很多地方用到数	感知和区分物体的大小、多少、等量方面的特点；能用数词描述事物和动作	能注意物体较明显的形状特征，用自己的语言描述；能感知物体的方位，理解上下、前后、里外等方位词
4～5 岁	喜欢问问题，动手探索	能发现不同，能提出问题并猜测答案，能调查收集信息，能用图画和符号记录	感知动植物与人之关系，感知材料的溶解、传热。感知物理现象，感知季节和动植物之间的关系，感知科技产品与生活的关系	在指导下，感知和体会事物可以用形状、数字来描述	感知和区分物体的粗细、厚薄、轻重等量方面的特点；能比较两组物体的多少；会用数词描述事物的排列顺序和位置	能感知物体的形体结构特征，画出或拼搭物体造型；能感知和发现几何图形的基本特征；能使用上下、前后、里外、中间、旁边等方位词

续表

科 学					
目标	科学探究			数学认知		
年龄	亲近自然，喜欢探究	具有初步的探究能力	在探究中认识周围事物和现象	初步感知生活中数学的有用和有趣	感知和理解数、量及数量关系	感知形状与空间的关系
5～6岁	刨根问底，动手动脑探索有所获时兴奋	能观察、比较、分析事物变化，能验证猜测，能制订调查计划并执行，能用符号记录，能合作与交流，能观察、比较、分析事物变化	感知动植物外形、习性、生存环境的适应关系，发现结构与功能的关系，发现物理现象产生的条件和影响因素，感受季节变化，初步了解人们生活与自然环境的关系	发现事物简单的排列规律，创造新的排列规律；发现生活中很多问题可以用数学的方法来解决	初步理解量的相对性；借助实际情境和操作理解"加"和"减"；能进行10以内的加减运算；了解简单的记录表、统计图等数量关系	能用常见的几何体拼搭和画出物体造型；能暗语言知识或根据简单示意图正确取放物品；能辨别自己的左右
教育建议	亲近自然，通过画图或拍照发现，接纳、支持、鼓励幼儿探索	引导观察与分类能力，引导动手动脑找答案，鼓励计划和记录，分享结果，回顾过程、计划、步骤	支持探索自然，户外活动考察生物，提供材料工具给幼儿探索。引导思考、引导关注自然、科技产品与生活的关系	引导幼儿注意事物形状特征，引导幼儿感知和体会生活中的数；引导幼儿发现和体会排列规律；鼓励和支持发现生活中用数学解决问题	引导幼儿感知和理解事物"量"的特征；指导幼儿学习比较物体的多少；结合生活，利用实际情境，引导幼儿理解数的概念	帮助幼儿在物体与几何物体之间建立联系；丰富幼儿空间方位识别经验

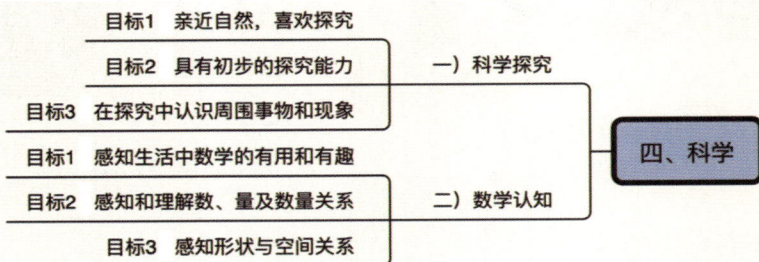

图 2-10 3～6 岁科学主题目标概述

《快乐科学立体书》

用于科学实验的工具包，方便儿童的学习与娱乐同时进行。鼓励儿童在实验和游戏中学习。

图 2-11 《快乐科学立体书》

■ 五、艺术

表 2-5 3～6 岁艺术主题认知特点

艺 术			
目标 **年龄**	**感受与欣赏**		**表现与创造**
	喜欢自然界与生活中美的事物	喜欢欣赏多种多样的艺术形式和作品	喜欢进行艺术活动并大胆表现	具有初步的艺术表现与创造能力
3～4岁	1.喜欢观看花草树木、日月星空等大自然中美的事物； 2.容易被自然界中的鸟鸣、风声、雨声等好听的声音所吸引	1.喜欢听音乐或观看舞蹈、戏剧等表演； 2.乐于观看绘画、泥塑或其他艺术形式的作品	1.经常自哼自唱或模仿有趣的动作、表情和声调； 2.经常涂涂画画、粘粘贴贴并乐在其中	1.能模仿学唱短小歌曲； 2.能跟随熟悉的音乐做身体动作； 3.能用声音、动作、姿态模拟自然界的事物和生活情景； 4.能用简单的线条和色彩大体画出自己想画的人或事物
4～5岁	1.在欣赏自然界和生活环境中美的事物时，关注其色彩、形态等特征； 2.喜欢倾听各种好听的声音，感知声音的高低、长短、强弱等变化	1.能够专心地观看自己喜欢的文艺演出或艺术品，有模仿和参与的愿望； 2.欣赏艺术作品时会产生相应的联系和情绪反应	1.经常唱唱跳跳，愿意参加歌唱、律动、舞蹈、表演等活动； 2.经常用绘画、捏泥、手工制作等多种方式表现自己的所见所想	1.能用自然的、音量适中的声音基本准确地唱歌； 2.能通过即兴哼唱、即兴表演或给熟悉的歌曲编词来表达自己的心情； 3.能用拍手、踏脚等身体动作或可敲击的物品敲打节拍和基本节奏； 4.能运用绘画、手工制作等表现自己观察到或想象的事物
5～6岁	1.乐于收集美的物品或向别人介绍所发现的美的事物； 2.乐于模仿自然界和生活环境中有特点的声音，并产生相应的联想	1.艺术欣赏时常常用表情、动作、语言等方式表达自己的理解； 2.愿意和别人分享、交流自己喜爱的艺术作品和美感体验	1.积极参与艺术活动，有自己比较喜欢的活动形式； 2.能用多种工具、材料或不同的表现手法表达自己的感受和想象； 3.艺术活动中能与他人相互配合，也能独立表现	1.能用基本准确的节奏和音调唱歌； 2.能用律动或简单的舞蹈动作表现自己的情绪或自然界的情景； 3.能自编自演故事，并为表演选择和搭配简单的服饰、道具或布景； 4.能用自己制作的美术作品布置环境、美化生活
教育建议	1.和幼儿一起感受、发现和欣赏自然环境和人文景观中美的事物； 2.和幼儿一起发现美的事物的特征，感受和欣赏美	1.创造条件让幼儿接触多种艺术形式和作品； 2.带幼儿观看或共同参与传统民间艺术和地方民俗文化活动，如皮影戏、剪纸和捏面人等； 3.尊重幼儿的兴趣和独特感受，理解他们欣赏时的行为	1.创造机会和条件，支持幼儿自发的艺术表现和创造； 2.营造安全的心理氛围，让幼儿敢于并乐于表达表现	尊重幼儿自发的表现和创造，并给予适当的指导

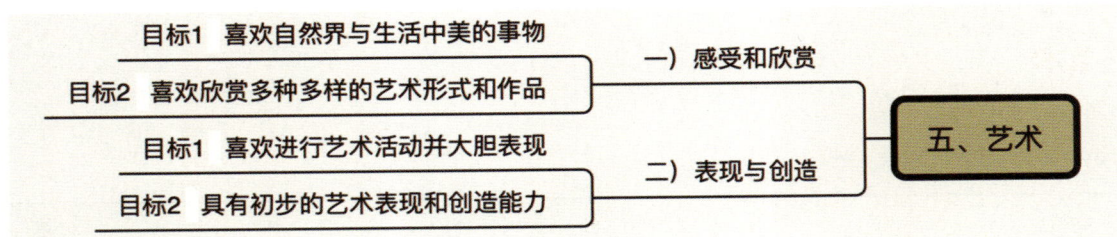

图 2-12　艺术主题认知目标概述

艺术是人类感受美、表现美和创造美的重要形式，也是表达自己对周围世界的认识和情绪态度的独特方式。

每个幼儿心里都有一颗美的种子。幼儿艺术领域学习的关键在于充分创造条件和机会，在大自然和社会文化生活中萌发幼儿对美的感受和体验，丰富他们的想象力和创造力，引导幼儿学会用心灵去感受和发现美，用自己的方式去表现和创造美。幼儿对事物的感受和理解不同于成人，他们表达自己认识和情感的方式也有别于成人。

幼儿独特的笔触、动作和语言往往蕴含着丰富的想象和情感，成人应对幼儿的艺术表现给予充分的理解和尊重，不能用自己的审美标准去评判幼儿，更不能为追求结果的"完美"而对幼儿进行千篇一律的训练，以免扼杀其想象与创造的萌芽。

《波普，很快到家了》，里奥一整天都在玩。可他最好的朋友小鸟波普是怎么度过这一天呢？这本书讲述的是我们为了一个积极的目标努力克服的那些大大小小的障碍。

整本书图像采用了几何图形，建筑、动物等角色都是通过抽象的几何形态重新组合在一起。

图 2-13　《波普，很快到家了》内页 1

图 2-14　《波普，很快到家了》内页 2

　　《和大师一起创造伟大艺术》介绍了许多艺术创作的步骤，或是其他易于操作的方法，例如"怎样探索身体的语言进行创作"等，相信通过你自己的实践，能创造出满意的作品。本书还收录了影响力的大师的作品和对他们不同创作风格的介绍，让你在手绘创意的同时，也能阅读经典，学习更多。

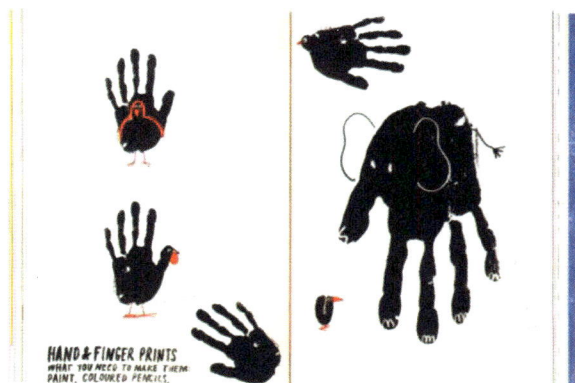

图 2-15　《和大师一起创造伟大艺术》内页 1

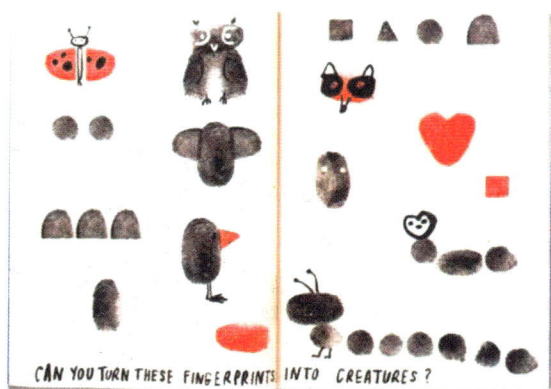

图 2-16　《和大师一起创造伟大艺术》内页 2

《海洋生日会》采用了简笔画的插画风格，从欣赏的角度去提升幼儿的美感和艺术审美能力。

图 2-17　《海洋生日会》内文插画

《艺术与娱乐》，儿童创意活动书，彩色几何图形可以激发低龄读者的想象力。有方形切口的页面可以将不同的图画合二为一；可以在小圆圈的页面把小圆圈剥离，形成图案。

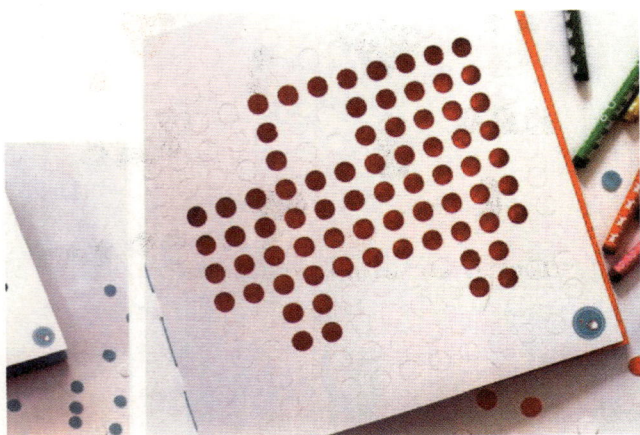

图 2-18　《艺术与娱乐》内页 1

图 2-19　《艺术与娱乐》内页 2

第二节　儿童心理与发展

本书主要探讨的是幼儿阶段，3～6岁幼儿的心理与发展特点有着特定年龄阶段的共性和个性。认识孩子并不是一件容易的事情，甚至是一件比较困难的事情。而在认识孩子的研究中，如何客观地把握儿童的心理又是其中的关键。儿童有自己的生活规律，有自己的心理世界。

一、儿童心理发展阶段

婴儿期（0～2岁）：这个阶段的特点是快速的身体和认知发展。婴儿通过感官体验和动作活动学习。当照顾者提供可靠的照顾和爱时，婴儿会发展出信任感。

幼儿期（2～3岁）：幼儿开始主张独立，学习走路、说话，并开始进行基础的自我控制。他们也开始发展与照顾者分离的自我意识。

早期儿童期（3～6岁）：这个阶段的儿童通过游戏学习，发展他们的想象力，并开始与同伴进行社交互动。他们还开始理解规则和常规的概念。

中期儿童期（6～11岁）：在这个阶段，儿童更多地受到外部世界的影响，如学校和友谊。他们通过掌握新技能和与他人比较来发展成就感。

青春期（12～18岁）：青少年追求独立，形成自我认同，并学会如何处理复杂的社交关系。他们开始更抽象地思考，并质疑概念和想法。

每个阶段都有其独特的挑战和里程碑。为儿童设计的玩具和游戏应与这些发展阶段保持一致，以促进诸如动手能力、问题解决、社交互动和创造力等领域的成长。

二、儿童思维发展特点

（一）奇异思维

皮尔斯（Pearce，1997）把4岁儿童的创造性的想法，不受成人思维规则限定的思维称为"奇异思维"（magical thinking）。我们经常会说儿童有很多奇思妙想，一个物品可以产生无数个妙想。一个梦想可以变为现实，也可以变为很多个梦想；一个苹果可以变成一座房子，可以变成一驾马车，乘着想象的翅膀飞翔。

（二）前运算思维

皮亚杰认为，学前儿童不能进行运算思维，处于感知运动表征和完全使用逻辑规则来进行思维之间的阶段，他们使用前运算思维。根据皮亚杰的观点，前运算阶段（2～7岁）可分为前概念阶段（preconceptual）和直觉思维阶段（the intuitive）

1. 前概念阶段

孩子们进入皮亚杰的前概念阶段，在2～4岁，会有一些有趣的变化。首先，他们开始学会用一些简单的符号来表达自己，比如一些词语、手势或画画。这表示他们开始懂得用特定的符号来传达自己的需求和意图。

其次，孩子们的行为不再只是对周围环境的感觉和运动的反应。他们开始有目标地去做一些事情，比如，追逐玩具或者尝试拿到他们想要的东西。

这个阶段还标志着孩子们开始在自己的脑海中建立一些简单的心理模型，通过内在的想象或记忆来理解事物。同时，他们也能够逐渐分辨符号（如语言中的词汇）和实际的物体。

虽然孩子们在前概念阶段展示出更多对社交互动的兴趣，但他们的思维仍然相对具体和直观，还没有完全形成抽象概念的能力。这一时期为孩子们后来更为复杂的认知发展奠定了基础。

2. 直觉思维阶段

当孩子们进入直觉思维阶段，通常是在4～7岁，会有一系列有趣的变化。首先，他们的思维变得更加直观和感性。在这个阶段，孩子们更依赖直觉、感觉和经验，而不是抽象的逻辑推理。

在直觉思维阶段，孩子们表现出"因果关系"观念的发展。他们开始尝试理解事件之间的关系，尽管这种理解可能不符合科学的逻辑。例如，他们可能会认为两个事件之间存在因果关系，尽管实际上事件可能只是同时发生而已。

此外，孩子们在直觉思维阶段对信息的处理更加感性，更注重外部的表象而非内在的结构。

第三节　儿童玩具书设计的教育理论

■ 一、儿童心理学理论

基于儿童不同年龄段的认知、情感发展特点，设计相应的互动元素和故事情节，以更好地满足他们的学习需求。儿童心理学是一门涵盖广泛领域的学科，有多个理论用于研究儿童的认知、情感、社会发展等方面。

（一）皮亚杰认知心理学

皮亚杰的理论，是出自他对于儿童智力研究的成果，他的认知发展论实际上谈的就是人类智力的发展。而皮亚杰对于智力的看法，有别于以往的心理学者。以往的心理学者认为，智力是心理结构的一部分，要从由分析研究智力的组成入手。然而，皮亚杰却从生物发生学的观点，认为智力是一种生物适应环境的结果，他曾说："事实上，生命是逐渐复杂起来的适应形势的一种不断的创造，是这些适应形势与环境之间的一种逐渐平衡。"也就是说虽然皮亚杰也认为智力具有结构，但他并不认为智力的结构是以一种静态的固定形式存在于生命之中，而是一种生命为了因应变化的环境所发展出来的一种适应形式，它是一种有机的、动态的、具有发展性的结构。因此，皮亚杰认为，在个人的生命当中，智力是会随着个体与环境的互动而产生发展性的变化。

皮亚杰的理论指出了儿童的认知、思维方式与成人不同，甚至不同年龄层的儿童也有着认知结构的极大不同。就教育来说，他的理论揭示了理解儿童才能教育儿童的意义。成人在提供知识供儿童学习的时候，必须要了解儿童认知思维的特点，并以此来决定要让儿童学习的材料及教学的方式，如此才能达到预期的教学成效。以儿童为本的设计才能更好地服务于儿童。

提出儿童通过社会互动和文化传统中的工具来建构知识，强调社会环境对儿童认知发展的重要性。关注儿童在社交互动中学到的知识，以及文化环境如何影响他们的认知和学习。

（二）加德纳的多元智能理论

多元智能（Multiple Intelligences），是美国哈佛大学研究所的教授 Howard Gardner 的精心著作，他提出新的智能观点，认为人的智力是多元的，除了语言和逻辑外，还包括音乐、视觉、身体、自知和人际交往。这七种智能的说法突破了过去只以 IQ 衡量人类能力的看法。在加德纳的多元智力框架中，人的智力至少包括：

1. 言语——语言智力
(Verbal-linguistic intelligence)

这种智力主要是指听、说、读、写的能力，表现为个人能够顺利而高效地利用语言描述事件、表达思想和与人交流的能力。这种智力在记者、编辑、作家、演讲家和政治领袖等人的身上有比较突出的表现。

2. 音乐——节奏智力
(Musical-rhythmic intelligence)

这种智力主要是指感受、辨别、记忆、改变和表达音乐的能力，表现为个人对音乐，包括节奏、音调、音色和旋律的敏感，以及通过作曲、演奏和歌唱等表达音乐的能力。这种智力在作曲家、指挥家、歌唱家、演奏家、乐器制造者和乐器调音师的身上有比较突出的表现。

3. 逻辑——数理智力
(Logical-mathematical intelligence)

主要是指运算和推理的能力，表现为对事物间各种关系，如类比、对比、因果和逻辑等关系的敏感，以及通过数理运算和逻辑推理等进行思维的能力。这种智力在侦探、律师、工程师、科学家和数学家的身上有比较突出的表现。

4. 视觉——空间智力
(Visual-spatial intelligence)

主要是指感受、辨别、记忆、改变物体的空间关系并借此表达思想和情感的能力，表现为对线条、形状、结构、色彩和空间关系的敏感，以及通过平面图形和立体造型将它们表现出来的能力。这种智力在画家、雕刻家、建筑师、航海家、博物学家和军事战略家的身上有比较突出的表现。

5. 身体——动觉智力
(Bodily-kinesthetic intelligence)

主要是指运用四肢和躯干的能力，表现为能够较好地控制自己的身体，对事件能够做出恰当的身体反应，以及善于利用身体语言表达自己的思想和情感的能力。这种智力在运动员、舞蹈家、外科医生、赛车手和发明家的身上有比较突出的表现。

6. 自知——自省智力
(Intrapersonal intelligence)

主要是指认识、洞察和反省自身的能力，表现为能够正确地意识和评价自身的情绪、动机、欲望、个性、意志，并在正确的自我意识和自我评价的基础上形成自尊、自律和自制的能力。这种智力在哲学家、小说家、律师等人的身上有比较突出的表现。

7. 交往——交流智力
(Interpersonal intelligence)

这种智力主要是指与人相处和交往的能力，表现为觉察、体验他人情绪、情感和意图，并据此作出适宜反应的能力。这种智力在教师、律师、推销员、公关人员、谈话节目主持人、管理者和政治家等人的身上有比较突出的表现。新的时代呼唤新的智力理论，需要新的教育观和人才观。正如加德纳所说："时代已经不同了，我们对才华的定义应该扩大。教育对孩子最大的帮助是引导他们走入合适的领域，使其因潜能得以发挥而获得最大的成就感。今天我们完全忽略了这个目标，我们实行的是一视同仁的教育，仿佛要把每个人都教育成大学教授，对每个人的评价也都是依据这个狭隘的标准。我们应该做的是减少评比，多花心力找出每个人的天赋加以培养。成功可以有无数种定义，成功的途径更是千变万化。"社会的需要和科学发展的要求是多元智力理论出现的时代背景。

加德纳的多元智能理论指导幼儿教育要走向多元化，不能仅局限于幼儿在生长过程中。在各个能力方面可以体现出，他们会对人际交往表现出很强的欲望和能力，会对音乐表现出很强的欲望。一个 2 岁的小孩会在电视面前随着音乐而舞动，有的对色彩特别敏感，这是他们潜在的能力，不是哪个更强，而是在某一方面的能力处于优势，其他方面对优势起到支配和协调的作用。从多元的角度去设计和培养幼儿，从小提高他们的各种智能和潜力。

■ 二、儿童教育学理论

在儿童教育领域，国内外众多教育家提出了不同的观点，对儿童的教育具有积极的推动作用。玩具书设计研究主要从玩和学、多感官的角度进行研究，基于教育家的教育理念进行。

（一）感官教育
1. 寓教于乐

法国教育家卢梭认为，寓教于乐是教育的最高境界，学生应该快乐地获取所需的知识。研究证明，游戏化学习具有激发学生学习动机、发展学生的认知能力，以及促进学生积极参与等优势。卢梭认为，教育分为四个阶段：婴儿期（0～2岁）、儿童期（2～12岁）、青年期（12～15岁）、青春期（15～20岁）。大自然是儿童自出生后最先给予他感觉的，从婴儿时期起，他们开始探索周围环境及事物，继而获得感觉经验，发展其感官能力；进入儿童期后，儿童的各感官机能开始发展。卢梭指出在这一时期要对儿童进行感官机能的教育，因为在这一阶段，儿童的部分感官发展迅速，个别感官在小学高年级阶段的发展程度甚至达到成人水平。这一时期，儿童的理性认识还未被唤醒，但这一时期的教育重点是感官而非理性，至于为何不在这一阶段对儿童进行理性教育，卢梭作出这样的解释："因为进入人类心灵的知识以感觉为门户，所以人类最初的理性是由感觉经验而得的理性。这种由感觉经验而得的理性，便是智慧理性的根基，我们最初的物理学老师，便是我们的手足和眼目。"因此，卢梭在这一时期把感官教育作为儿童教育的重点。在身体的各个感官中，卢梭将触觉和视觉放在尤为重要的位置，他指出，在儿童的感官训练中应该先发展触觉，因为触觉不仅能提供事物的大体形象和表面，而且比其他的感觉更为可靠，之后发展视觉，最后发展听觉。卢梭通过观察并结合自己的经验，对各种感官的作用及其训练方式作出解释。

2. 感觉培养

幼儿期是儿童感觉急剧发展的时期，从感觉训练儿童，培养他们的心智和能力，是适用于儿童年龄阶段的教育手法。意大利的教育家蒙台梭利研究出通过感觉来教育儿童的方法，并研制出一系列训练感觉的教具，让儿童在玩中训练他们的感觉。而且贯彻其教育理念的机构在世界各地兴起，在我国也有多所教育机构。任何我们所感觉的、所认识的，都是经由我们的感官来接收的。利用感官，我们可以学习这个世界的知识、认识其中的道理，并且了解自己是一个独立的个体。普遍认为感官有五种：视觉、听觉、嗅觉、味觉、触觉。所有的感官都能传递给我们这个世界上的信息，并且将它有意义地解释出来。

感觉的培养在儿童研究的领域得到广泛的认可和利用。循序渐进地使儿童了解各种感觉模式，并使其系统化，是对学前儿童进行感觉教育的主要任务之一。组织儿童观察并识记每种特性的基本变式是认识的基础。这些变式应当具有标准的意义。关于特性标准的多样化观念是与儿童的画图、模塑、建构、音乐等课业密切地联系的，也就是和这样的活动相联系。这种活动给儿童提出越来越复杂的任务，创建种种促进掌握感觉模式的条件。卢梭认为，生活并不仅是呼吸，而是活动，那就要使用我们的器官，运用我们的感觉、我们的才能，以及一切使我们感到存在的本身的各个部分。

"感觉"是一切右脑能力的基础，如同左脑有视、听、味、嗅、触五种感觉能力一样，右脑也具有五种与之相似的感觉能力，其中最基本的一种是触觉。通常我们所说的触觉是由皮肤（细胞）所获得的感受，是人类的细胞从外部获得信息的一种能力，是一种原始的知觉能力。

利用感官对幼儿进行教育的传授，生动而有意义。感觉器官彼此交织在一起，对于同样的事物，它们传递不同的观点。我们看到一本幼儿书，摸它、闻它、品尝它，甚至可以听到它发出来的声音，我们的视觉感受、触觉、嗅觉、味觉和听觉都被调动起来。蒙台梭利的感觉教育理念也存在着局限性，她主张单一的感觉训练，例如，这个教具只训练儿童的触觉，每种感觉训练的教具都是独立分开的。但在实际生活中，往往感觉都是交叉的。对待幼儿书的设计，应以综合调动幼儿的五感为出发点，而不是只调动幼儿单方面的感觉。

（二）兴趣教育

在杜威的教育思想中，兴趣是杜威从早期到晚年不断反思的对象，也是理解杜威教育理论与实用主义的关键。杜威认为，兴趣是教育的起点，可是兴趣也最容易被曲解。兴趣常被曲解为儿童的娱乐和乐趣，或者被看作一种从属于教学活动、可以被情境激发的心理状态（丁道勇，2014；郭戈，2016；樊杰、兰亚果，2018）。但在杜威看来，兴趣不是表面上的快感，也不只是一种生命的体验，而是对当下所行之事的深刻的关切与投入，是儿童有意义的行动的开端。杜威希望借由兴趣来培养出一些富有理想而又对日常工作敏锐充实的人，他也许并不具备深邃的思想与渊博的知识，但能把握现实的目标。此外，他还显得和平、友善而亲近，是民主精神"最贴近日常生活"的表现（转引自 Adorno，2009：151）。

杜威没有将兴趣看作是儿童阶段教育的独特性，而是人的教育的一般起点。兴趣是人的行动的起点，是推动人去从事一件事情的原动力。杜威把对兴趣的理解放在行动的可能上，而不仅仅是感官的体验。儿童的兴趣教育不是单纯体验式的，而具有深刻的道德意义。杜威并不认同当时欧洲流行的儿童中心观，它将儿童看作成人劳碌和利益世界的对立面，是天性的解放，自由自在。这样一种儿童形象和我们看到的在工作中身心疲惫的成年人的形象完全相反，儿童身上展现出逃离经济压力的自由和摆脱限制在某一职业之中的成年人的道德责任的自由（Dewey，1956：144）。这样一种儿童观念将体验与责任对立起来，便如同将兴趣与意志对立起来，正是杜威所竭力批评的。

杜威说，如果将兴趣简单理解为快感，那就错误地为教育添加了某种诱惑性的东西，为了抓住注意力，用愉悦哄诱儿童（a bribe of pleasure）（Dewey，1944：126）。这样的教育没有让学生对所学的对象产生真正的兴趣，只不过是添加了一些愉快的诱饵（pleasant bait），让枯燥而乏味的"学"变得更加可以忍受而已。有兴趣的人，对自己所学之物有最深层的关切，并能将自己的全部身心能力调动起来，他会真切地感受到"学"在他身上产生的效果。这就是杜威所说的积极投入的行动主体，而在外人看来，他可能无时无刻不在承受艰辛。

（三）生活教育

陶行知是我国创造教育的首创者。他认为，儿童是创造者，而不是继承者；儿童的生活应该是创造，而不是享福。他提倡创造的儿童教育，认为这种教育首先应当发现儿童，了解儿童，相信儿童，认识到儿童不仅有力量，而且有创造力；教育应该保护和发展儿童的创造力。

"生活即教育"，即人们的生活本身就是教育。陶行知先生提出："教育和生活是相互渗透、相互促进、辩证统一的关系，教育蕴含于生活之中，教育应当为生活服务。"陶行知反对没有生活的死教育，没有与生活实际相融合的教育就不是好的教育。"生活即教育"的本质是教育由生活决定，教育促进生活。具体而言，教育的方法、内容、目的等都来源于生活；教育要与生活相结合，通过生活来发挥作用。随着生活的不断发展和进步，教育也要随之发展和进步。解放儿童的头脑，让他们能够去想、去思考；解放儿童的双手，让他们去做、去干，爱动手是动脑、好奇、好学、好创造的表现；解放儿童的眼睛，让他们去观察、去看事实，培养儿童的观察力；解放儿童的嘴巴，使他们有足够的言论自由，特别要有问的自由，从问题的解答中，可以增进他们的知识，充分发挥他们的创造力；解放儿童的空间，让儿童从鸟笼式的学校里走出来，去接触大自然、大社会，收集丰富的资料，扩大认知的眼界，以发挥其内在的创造力。

生活教育的方法是以"做"为中心的教、学、做合一，这个"做"并不局限于学校或幼儿园中的做，而是一切的生活活动和社会实践。可见，陶行知的生活教育思想是包含着创造社会的深刻含义的。而对幼儿教育来说，生活教育寓教育于幼儿的生活之中、"教、学、做合一"，以"做"为中心，以行求知，手脑并用的思想十分符合幼儿教育的特点。

通过生活去教育幼儿培养他们很好的习惯和德行，为成长奠定坚实的根基。1998年1月，当75位诺贝尔奖得主聚会时，有人问一位得奖的科学家："请问您在哪家大学学到您认为最重要的东西？"这位科学家平静地说："在幼儿园。""在幼儿园学到了什么？""学到把自己的东西分一半给小伙伴；不是自己的东西不要拿；东西要放整齐；吃饭前要洗手；做错事要表示歉意；午饭后要休息；要仔细观察大自然。"生活教育的以作为中心的理念指导我们，对待幼儿的教育媒介时，充分把动手和生活融入设计中，使他们能充分得到锻炼和实践。这指导着幼儿书的设计方向和方式，幼儿不再只是知识的被动接受者，而是知识的主宰者，他们可以自主地选择学习的内容和方式，所以设计幼儿书必须适应当代幼儿的学习取向性，才可能被幼儿接受，才能让幼儿与书本达到更充分的交流。

（四）活教育

陈鹤琴先生是我国著名儿童教育家、儿童心理学家，中国现代幼儿教育的奠基人。陈先生提出了"活教育"的理念，重视科学实验，符合儿童自身的发展规律，设计推广玩具、教育等，一生从事开创性的幼儿教育研究与设计实践。他强调的"活教育"核心理念包括以下几点。

1. 关注儿童

陈鹤琴先生在"活教育"理念中，将学龄前儿童的心理发展成熟阶段分为四个部分：新生儿阶段（即新生婴儿时期）；乳儿阶段（从新生婴儿阶段后到1岁的儿童）；步儿阶段（1～3岁的儿童）；幼儿阶段（3岁到学龄前阶段的儿童）。教育工作者通过划分的四个区域，对每个阶段的儿童进行心理发展特点的准确分析，并通过调查结果进行心理特征分析。四个阶段的共同关键词主要包括好动、猎奇心理、喜爱游戏及有较强的模仿能力等。陈鹤琴先生认为，应关注儿童心理发展特点，强调其对幼儿教育的重要指导作用。

2. 尊重儿童

陈鹤琴先生提出的"活教育"的实施前提是，我们必须生活在对儿童保持尊重、热爱的社会当中，社会群体必须具备对儿童的关注、尊重的社会意识，教育工作者的教育重点不应该仅仅放在对知识的传授上，而应该更加关注幼儿的心理、精神世界，通过各种方式，与幼儿进行正确的情感交流，提升幼儿对周围环境的感知能力，提升幼儿对情感的感受能力，从而培育其生活能力和想象力，顺应其心理特征的发展，确保儿童在成长的过程中精神自由、人格独立。

3. 美育儿童

陈鹤琴的管理精神主要围绕着人的发展展开，其核心来自以往的教育实践和学校管理经验，通过对其生平经历的研究考察可发现，他的管理精神是取传统教育思想精华，结合西方的教育精神，最终形成符合当时国情的学校管理策略。同时，陈鹤琴"活教育"之中的美育理论对其整体特征、要求、原则、必要性及与传统教育的区别作了深刻论述，其要做的就是把宏观的理念与理想实现于具体的教育实践中。

基于儿童心理学家皮亚杰的认知发展理论，陈鹤琴认为，儿童的具象思维特点决定了儿童美育实施的适宜性，它以引起儿童兴趣、满足儿童需要为前提；以儿童生活经验为核心，以培养儿童自主创造美好生活为目标。然而，对美的创造需要有丰富的想象力，想象力"与人的生活经验直接相关，人的生活经验中的种种记忆表象为想象提供了素材，没有对形象的记忆，也就没有想象"。对生活中美好形象的感知记忆得益于能够引起儿童审美注意、满足儿童审美需要，被儿童赋予生命和情感、丰富多彩的世界万物，儿童将对它们的感知经验储备为形象记忆，作为想象的基础。因此，儿童对平凡生活中新鲜事物的发现力、感知力，有利于将其转变为创造的源泉。

■ 三、游戏理论

从游戏化理论的角度来看，更符合"玩中学"。游戏化理论强调将游戏元素引入学习过程，以提高学生的参与度和动机。在"玩中学"的情境下，学习被设计成类似于游戏的体验，包括奖励、挑战、竞争等元素，以激发学生的兴趣。

1. 游戏化理论 Gamification Theory

游戏化理论旨在将游戏的元素和机制应用于非游戏环境，以增强用户参与、动力和忠诚度。这包括引入奖励系统、任务、排行榜、徽章等，通过这些元素激发人们的竞争心理和目标导向，从而提高他们在学习或工作中的积极性和效率。

2. 游戏学习理论 （Game-Based Learning Theory）

游戏学习理论关注的是通过游戏提供的互动性和娱乐性来促进学习。教育游戏被设计成以有趣的方式传达教育内容，通过让学生参与到游戏中，使他们在实践中掌握知识和技能，从而增强学习效果。

3. 情感学习理论 （Affective Learning Theory）

情感学习理论认为情感对学习至关重要。游戏通过激发兴趣、创造紧张感或愉悦感等情感体验，能够增强参与度和学习动力。情感投入有助于加深对学科的理解和记忆。

在游戏化的学习中，学生经常处于参与和互动的状态，类似于玩游戏的体验。这与游戏化理论强调学习活动应该更像是一种愉悦的游戏体验的思想相符。

总体而言，"玩中学"更符合游戏化理论，强调通过游戏元素来促进学生的参与、动机和学习体验。然而，理论和实践之间的关系是复杂的，可以根据具体情境进行灵活应用。

■ 四、情感认知理论

情感认知理论强调情感和认知之间的相互影响，认为情感体验对于学习的质量和深度具有重要影响。在"玩中学"的情境下，学习被设计成一种积极、愉悦的体验，以促进学生的情感投入和认知深度。

1. 情感投入提高学习效果

情感认知理论认为，学生对学习任务的积极情感体验可以提高学习效果。在"玩中学"的情境下，通过引入游戏、互动等元素，创造积极的情感体验，有助于学生更深入地投入学习过程中。情绪状态可以显著影响个体的认知过程。当儿童处于积极、愉悦的情绪状态时，他们更容易集中注意力、保持注意力，这有助于更好地吸收和理解学习内容。通过在幼儿园中创造积极、愉悦的情感体验，可以促进更有效的学习。

2. 愉悦体验增强记忆和理解

积极的情感体验有助于释放大脑中的神经递质，进而增强记忆和理解。在"玩中学"的环境中，学生在愉悦的氛围中学习，这有助于更好地吸收和消化知识。

3. 情感和认知相辅相成

情感和认知是相辅相成的，良好的情感体验有助于提升认知水平。在"玩中学"中，学生通过愉悦的游戏体验，更容易与学科内容建立积极的情感联系，从而提高对知识的理解和运用。情感认知理论支持在学习过程中引入积极的情感体验，而"玩中学"强调通过游戏元素创造积极的学习氛围，所以更符合情感认知理论的核心理念。

■ 五、行为主义理论

行为主义理论强调学习是通过外部刺激和反应形成的，而"玩中学"强调通过引入游戏元素，如奖励和惩罚，来塑造学习行为。通过游戏化元素引入奖励、惩罚和外部刺激，以引导和强化学生的学习行为。

1. 奖励机制激发学习动机

行为主义认为，通过奖励可以强化期望的行为。在"玩中学"中，游戏中的奖励机制，如获得分数、解锁成就等，有助于激发学生的学习动机，使他们更愿意参与学习活动。

2. 惩罚机制塑造学习行为

行为主义理论认为，通过惩罚可以减少不良行为。在"玩中学"的情境下，游戏中可能包含一些挑战和难度，未能完成任务或取得进展可能会带来一定程度的惩罚，这有助于塑造学生更好的学习行为。

3. 外部刺激引导学习过程

行为主义强调外部刺激对学习过程的引导作用。在"玩中学"中，游戏中的各种元素，如声音、图形、动画等，提供了丰富的外部刺激，有助于吸引学生的注意力和集中精力学习。

4. 反馈强化学习效果

行为主义认为，通过及时的反馈可以加强学习效果。在"玩中学"中，游戏中通常提供即时的反馈，帮助学生了解他们的表现，并在学习中作出调整。

■ 六、建构主义理论

从建构主义理论的角度来看，更倾向于"学中玩"。建构主义认为学习是一个主动建构知识的过程，强调个体通过与环境的互动和经验来建构自己的理解。在"学中玩"的情境下，学生通过参与学习活动，积极地构建和重建知识结构，将学到的内容融入他们的认知框架中。

1. 学习引入游戏元素

具体来说，"学中玩"强调在学习的过程中引入游戏、实践和互动元素，以促使学生更主动地参与、探索和构建知识。这与建构主义理论的核心观点相符，即学习是一种个体建构意义的过程，而不仅仅是信息的传递。

2. 游戏成为学习媒介

在"学中玩"的情境下，游戏和互动成为学习的媒介，帮助学生更深入地理解和应用所学的概念。通过参与各种学习活动，学生不仅仅是被动地接收信息，还通过实际经验主动地建构新的认知结构。然而，需要注意的是，建构主义的实践可以在不同的教学方法中体现。"学中玩"只是建构主义理论在游戏化学习中的一种应用方式，而建构主义并不仅限于这一种教学方法。

■ 七、社会文化理论

社会文化理论主张学习是社会过程的一部分，强调个体通过与他人的互动和社交来建构知识。在"学中玩"的情境下，通过引入游戏和互动元素，有助于促进社交学习和合作。以下是社会文化理论观点支持"学中玩"的论证。

1. 合作与社交互动

社会文化理论强调学习是通过与他人的社交互动来实现的。在"学中玩"的情境下，学生通常通过游戏、小组活动等与同伴互动，促进了合作和社交学习。

2. 社会建构知识

社会文化理论认为，知识是在社会互动中建构的。在"学中玩"的环境中，学生通过游戏和互动活动，与同学分享经验，协作解决问题，共同建构知识。互动的建构能力和体验是玩具书可以带给儿童的最有价值的内容。

3. 文化差异

社会文化理论考虑到学习受文化背景的影响。在"学中玩"的过程中，游戏和互动可以反映和包容不同的文化元素，有助于学生更好地理解和尊重多元文化。传统文化的学习从幼儿开始进行传授，用玩和互动的方式教幼儿中国的传统文化。游戏的内容和形式在不同的文化中有很大的区别。

4. 学科实践

社会文化理论认为，社会参与是学科实践的一部分。"学中玩"的活动通常设计成与实际生活和社会相关的情境，促使对象能将学到的知识与实际情境联系起来。儿童可以参与不同学科的场景活动，玩具书带给儿童场景建构的体验。

从理论和实践的层面，游戏都是最好的学习老师和同伴，在玩中学，学中玩，伴随着和促进儿童的成长与发展。从多元的角度刺激大脑的发展和灵感。玩是孩子的天性，玩得好，才能学得好，这是学者从无数案例中总结出来的和得到验证的。玩具书的设计遵循玩与学的原则进行，让幼儿们玩起来，在过程中学习相应的内容。

第四节　玩具书设计研究方法

一、研究方法

（一）观察法

儿童每时每刻都在观察、实验、探索周围的世界，并形成他们对周围世界的看法。亲眼看见儿童强烈的好奇行为，并沉下心来与儿童共处当下、一起思考，是一件很神奇的事情。

观察不仅涉及视觉，还包括了听觉、感觉和嗅觉（Adler & Adler，1998）。不同学者将观察法以不同的标准进行分类，Gold 根据相关参与者角色类型学的分类法，区分参与式观察与非参与式观察。

1. 观察法有明确的目的

·观察者可能想了解孩子在发展方面的问题，孩子的学习状况或与人的社会互动、阅读的习惯和行为等。

·明确目的的观察，能产生观察假设，进而经过观察的记录、解释而回答了待答的问题。

·在观察前，先提出问题，孩子喜欢选什么书看？孩子自己选还是大人选书？孩子看书有些什么行为？

2. 观察法有系统的规划

观察前必须作有系统的规划

·目标幼儿选定？

·何时、何地观察？

·观察的内容重点？

·每次观察多久？

·观察多少次？

·使用何种观察工具？

·观察幼儿的哪些行为？

3. 观察法具有系统的记录与解释

·先定记录的项目与标准。

·依据已定之项目与标准，照实记录。

·再将观察记录转换成可以分析与解释的资料。

4. 分类

分为自然观察法和实验室观察法

（1）自然观察法

在自然或实验情境中，观察自然发生的行为。

使用自然观察法，利用孩子自然真实生活的场所，观察并记录孩子的行为。

·外出调研要求。

·地点：方所书店、西西弗书店、购书中心，每个大组在一个地点。

·人物：4～5、5～6岁幼儿。

·方法：观察法、访谈法。

·调研目标。

·调研计划。

·调研设问。

·观测点：

①儿童看书的行为，玩玩具的行为。

②翻阅的书的类型。

③购买的行为，哪些书被购买，购买的原因，之前有购买过玩具书。

（2）实验室观察法

在实验室采用设定好的情节和环境，儿童

按照设定的情节，观察儿童的动作和互动的场景、细节。

5. 实地观察

实施用户观察时，可以对用户、相关人员和环境等信息进行多层次记录。

列举了需要观察的内容、细节及可挖掘的信息。使用者可以根据后续研究需要，选择最重要的部分进行现场记录。

6. 结果分析

为了减少新鲜感和直观刺激的损耗，请在观察结束后的第一时间开分享会讨论观察成果。从观察资料中挖掘用户需求，进一步转化为设计需求，因此，有必要将观察结果长时间保留一个固定的、便于观察的空间。

除事先预定的情境外，还要留意意料之外的结果，能把这时候的灵感、感受尽可能地保留下来，有助于形成有冲击力的设计。

可以在观察之前进行简单的访问，观察之后对发现的不解之处进行提问，但不要在任务期间打断观察对象与其对话。还要考虑伦理、道德等方面的因素。

（二）聚焦访谈法

通过目标对象的语言转述来了解其真实情况的研究方法。聚焦访谈是由 Merton & Kendall（1946）在媒体研究上所发展的，聚焦访谈法原本是为了在大众传播媒体对视听大众所造成影响的研究上，提供一个阐释统计上显著结果的基础，在设计访谈大纲与实施访谈的阶段，必须符合四项标准，非导引性、明确性、广度、受访者所表现的深度及个人背景。

1. 访谈要素

（1）非导引性

无结构式问题，提出的问题和回答都保持开放性；半结构式问题，一类问题是清楚界定的具体问题，受访者保持开放性；另一类问题，限定受访者反映的范围，在其基础上具有开放性；结构式问题，具体问题和受访者反映的范围都是有所界定的。

一般流程是以无结构性问题开始进入话题，逐步引入结构性较强的问题。

（2）明确性

访谈的问题和目标需要明确，以免访谈只是泛泛而谈，提升访谈中的明确要求，鼓励受访者回顾问题，引导受访者明确地回到问题中。

（3）广度

对于研究问题的维度和主题而言，从受访者角度，给受访者机会引入自己的新主题；另外，从访谈者的角度，以渐进的方式去拓宽主题的广度，就是适时地引导拓展。

2. 主要流程

可以独立，也可以与其他方法和工具结合使用。用户访谈，适合于通过语言描述的内容（如故事、意愿、需求、愿望等）开展研究。该方法还可以通过引发目标对象回忆一些无法到场捕捉的信息，具有非常好的灵活性和实用性，可以根据研究条件的变化而快速调整。

3. 访谈种类

访谈包括非结构性与结构性访谈、半结构式访谈。非结构性更注重效率，无须太多的准备。结构性访谈中，和结构性用户观察类似，需要提前计划研究概况、观察对象、实施时间和地点、记录设备、研究人员、数据处理方式等问题。半结构式访谈，在一种相对开放且经过设计的访谈情境中，受访者可能会比在标准化访谈或问卷作答中更清楚地表达出受访者自身的主观观点。

问题的排序从易到难，从具象到抽象；从背景信息入手，进一步考察基本行为特征；其后进入核心问题，最后进行补充性提问。从一个简单利于共鸣的问题开始。

■ 二、理论研究模型

（一）多元具体化游戏设计模型

英国数学教育家迪因斯（Z.P.Dienes）提出数学学习的多元具体化原则，游戏设计流程包括核心机制设计、规则设计、角色道具设计和背景故事情节设计。

数学学科的知识系统通过游戏的方式进行解读，玩具书的背景故事根据模型的设定进行拟定。

（二）全脑理论

全脑教育基础理论是奈德·赫尔曼（Ned Herrmann）在20世纪80年代开发，基于大脑区域化及其内部联结提出的教育实践理论，理论的发展主要经历了三个过程，即全脑四分、多元智能和其他发展。全脑教育基础理论是关于如何在教育中综合开发学生的各个智力和能力，使其全面发展的理论体系。这个理论强调不同脑区域和智力类型之间的互动，提倡综合运用各种教育方法和工具，以促进学生在认知、情感、社交和运动等多个方面的全面发展。

通过对"分析型""组织型""梦想型""沟通型"工作者进行案例分析，提出了"四大象限"。赫曼将全脑分为四种思维模式，包括分析思维、顺序思维、社交思维和形象思维。分析思维和顺序思维活动一般在左脑，而社交思维和情感思维一般在右脑。

表 2-6　游戏设计流程

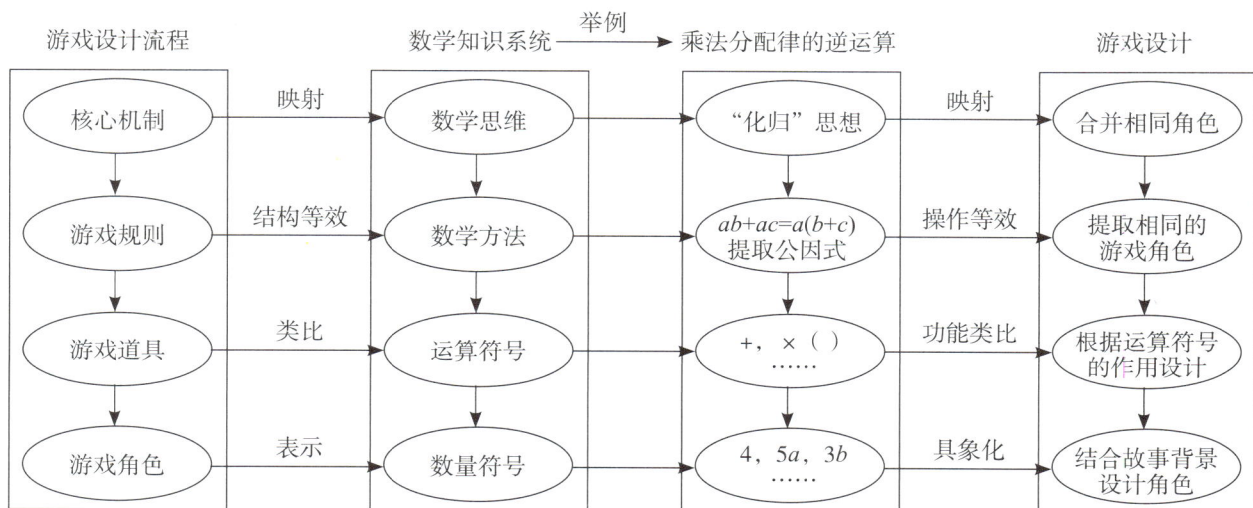

多元智能理论：美国发展心理学家霍华德·加德纳研究特定儿童群体的认知特点，通过观察特定儿童群体的艺术发展和认知过程。加德纳认为，人类的能力不是单一的，而且不同能力之间是相对独立的。包括音乐智能、空间智能、语言智能、逻辑数学智能、身体运动智能、人际关系智能、自我认知智能。

全脑教育关注大脑的神经科学基础，通过了解大脑的工作原理，设计教育方法，以更好地满足学生的学习需求。

（三）认知发展理论

这是瑞士让·皮亚杰提出的最权威的心理学理论。皮亚杰认为，该时期的心理操作着眼于抽象概念，属于运算性的，但思维活动需要具体内容的支持。形式运算阶段，儿童思维发展到抽象逻辑推理水平，其思维活动摆脱思维内容，形式运算阶段的儿童能够摆脱现实的影响，关注假设的命题，可以对假言命题做出逻辑的和富有创造性的反映。

个体心理学创始人阿德勒既强调人格的整体性，认为人格是一个不可分割的统一整体，又强调人格的独特性。

（四）霍华德—希斯模式 Howard-Sheth Model

这个模型是由 Jagdish N. Sheth 和 John A. Howard 在 20 世纪 60 年代提出的，用于解释和预测消费者购买决策的过程。霍华德—希斯模型主要包括三个主要元素：输入、中间变量和输出。输入阶段涵盖了各种影响消费者行为的因素，中间变量是在决策过程中产生的认知和情感变化，输出则是最终的购买行为。

投入因素：指引起消费者产生购买行为的因素。

表 2-7　霍华德 - 希斯模型

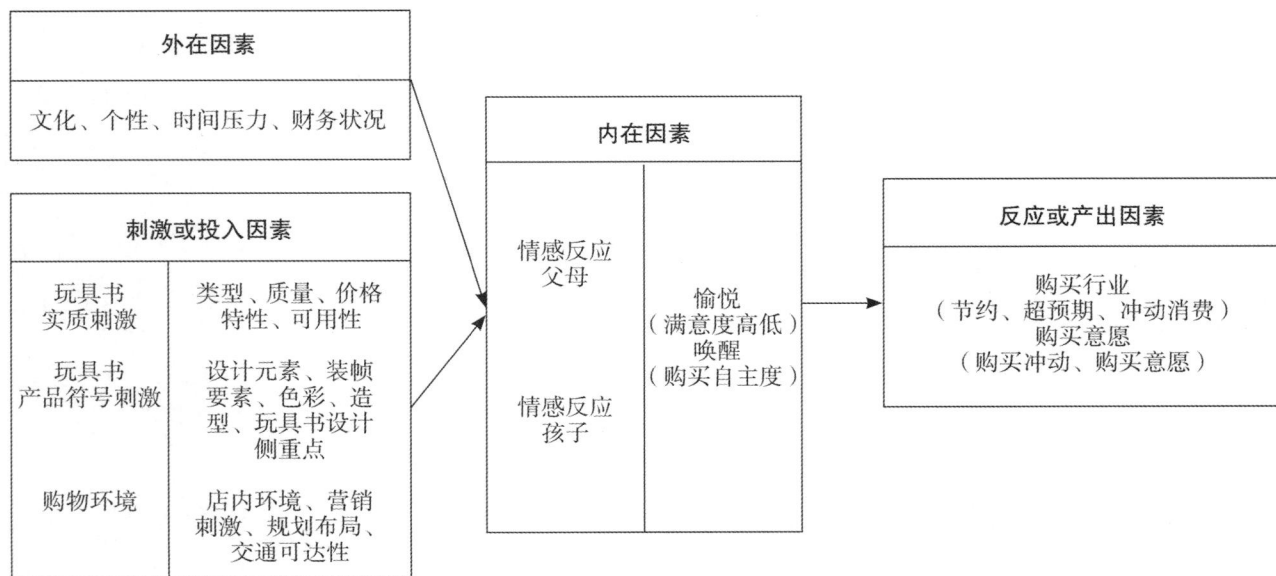

03

第三章
儿童玩具书的特点

作为设计师，对待幼儿玩具和书的设计观念和态度会有所不同。玩具产品的设计师本着设计适合儿童的趣味心理的产品，被大众儿童所喜爱。书籍设计师对书的内容的重视程度高于对幼儿的认知程度。一个对儿童心理和行为比较陌生的设计师如何能设计出满足儿童需求的童书呢？他们的设计是出于职业的需要或者是商业市场的运作结果。首要的是尽可能站在儿童的角度，以他们的眼光里看世界，感受他们的喜好，体会他们的趣味，不仅使自己的思维变得活跃，更富有潜力，而且可以设计出更好的作品，是为儿童量体裁衣的作品。

颠覆传统的书籍设计的模式，将书产品化设计，童书玩具化设计，改变了设计观念，转变为设计有趣的好玩的玩具，而这个玩具不是普通的玩具，不仅是可以供儿童玩耍的产品，还承载着书本的内容。从中可以学到或者玩到什么，决定了这本玩具书设计的初衷。玩具书设计成为幼儿书的发展趋势，顺应了幼儿的发育和行为习惯，并与幼儿一并发展。玩具书设计是一种发展的、人性的、互动的、趣味的设计探索。

第一节 知识与趣味

■ 一、知识性

幼儿书是幼儿认识事物的主要途径之一。不仅是幼儿书强调知识性的教育，就连玩具也开始对这方面进行研究和探索。芭比娃娃通过日常标准用语的形式实现互动，增加孩子的词汇量，增强孩子的理解力，锻炼了他们的语言表达能力；通过和孩子进行数学和生活常识问答，提高孩子的逻辑思维能力；而讲故事、听音乐打开了孩子认知世界的窗口，挖掘孩子的各项潜能。玩具开始了幼儿学习的探索，幼儿书的学习内容的丰富性更需要研究。

幼儿书为幼儿提供关于社会、自然和自我的知识。知识性是其最为首要的功能。调查表明，当幼儿"需要学习社会生活时""需要认识自己时"和"需要了解怎样解决问题时"，他们会选择阅读书籍。幼儿书是幼儿认识事物的主要途径之一，我们可以通过书传授给孩子更多的知识和技能，陶冶其情操，在其幼小的心灵种下读书的种子。玩具书最根本的功能就是便于儿童阅读和玩耍，幼儿书的阅读和成人不同，了解儿童的阅读方式更有助于进行儿童书的设计。

■ 二、趣味性

幼儿书不仅要满足书本身最根本的学习需要，更要满足幼儿的趣味心理，利用设计增强书的趣味性、创新性。以玩具的形式设计书，在形式上具有玩具的特点，将游戏的概念融入书的设计之中，打破了传统图书的特点，增加了书的游戏性的一面，使书的内容变得生活起来，看书的幼儿与书可以进行互动。

美国的克鲁兹出版的书籍在全美玩具书籍销量排行榜中一骑绝尘。不仅小孩喜欢，也受到成人的喜爱。克鲁兹已出版了方方面面教授人们如何获得乐趣的图书。从脸部化妆、发型设计到变戏法和音乐。书籍编排亲切入微，好似身边一位朋友的谆谆教导。艺术总监玛丽·艾伦·博格斯基将克鲁兹公司的经营理念总结为：我们的设计必须是为了所有孩子的，要么就不做。他们办公室里有很多人都是用孩子的眼睛来看世界的，他们在和另一个充满稚气的自我交流。随时的灵感会带来许多宝贵的信息，所以这种思维方式使产品长久地保鲜并紧跟时代的步伐。

克鲁兹会随书赠送一些精致的小礼物，比如，一本书不仅告诉孩子们如何编小辫和佩戴发饰，还送给他们一些橡皮筋、丝带和条形发夹等多种小玩意，让孩子们自己去创造美。克鲁兹在 2005 年 7 月香港书展中赢得了广大消费者的青睐，其展位的参观者和购买者络绎不绝。玩具书得到了国内外市场的关注和喜爱，其产品最大的特点是把书与玩具进行了结合，玩具按照书上的说明进行主动的构造，充分发挥了儿童的主动性和创造性。实质上，书本身的作用已经发生了转换，可以说是变成了怎么玩玩具的生动的说明书。

香港中央图书馆二楼设立了一间玩具图书馆，主要为儿童而设，想要从小培养儿童使用图书馆的习惯。从玩具图书馆的设立可以证明玩具对于儿童的阅读具有促进和指导的作用。馆藏约 1400 件启发儿童发展的玩具，训练儿童基本的身体及手指运用、概念形成、语言和社交技巧及创意等。目前，玩具的概念也开始向书的边缘扩展，两者的概念开始慢慢模糊起来。从玩具图书馆搜索的几个个案可以看出，趣味性是设计的灵魂之一。《Read Start》《一切从阅读开始》是纸品游戏，将生字和句子的学习和发音融入游戏之中，把知识的学习变得游戏化、趣味化。

■ 三、简约性

幼儿的认知水平是幼儿书设计中要考虑的关键因素，往往又是易被忽略的部分，如果幼儿书高于他们的认知水平，就会和他们的世界产生距离，幼儿也就会失去兴趣。

从认知论的观点，只有当刺激物与其认知图式的差异适中，刺激物才能引起最大程度的兴趣；当与其认知图式保持一致，设计过于简单，则不会引起他们的兴趣。在一次学生设计儿童读物中，有磁铁的字母给幼儿去贴在方形的物体上，对于字母没有再构思，幼儿的反应就是玩几下，马上转移注意力；当刺激物与其认知图式之间的差异相差太大，过于烦琐，就引不起他们的兴趣。现在有很多畅销的儿童绘本设计非常简练，容易抓住他们的趣味点。《The Christmas Alphabet》是一本立体的儿童书，设计非常简约，色彩很柔和简单，没有花花绿绿的图案和色彩，有 24 个字母的卡片，按字母的排序排列。每张卡片打开就会出现纯白色的立体造型，造型是以卡片字母开头的物体。如在字母"B"的卡片里面就是"Bell"的立体造型，通过立体的形态学习英文，生动而形象。没有啰唆的元素和色彩。而且每个字母卡片打开后的立体造型有变化的过程，从一个造型转换为立体的形态，对于学习从平面的认识转换到立体的感受，简约而丰富地表达了书的内涵和意图。

第二节　游戏与创新

一、创新性

将书与玩具结合在一起是一种新的组合与创新，培养幼儿的动手能力，同时培养他们的创造能力。《Winnie the Pooh's Movie Theater》Storybook 和 Movie Projector 的特点把书中的图画幻灯化，儿童可以边看书边看幻灯。书的媒体已经发生转变，并且多元化地表现书中的故事内容。将平面的图画制作成小型的幻灯片，通过小型的玩具式的投放器投放到其他物体上，在比较暗的环境就可以看书中的内容，在小投放的旁边有个灯可以照亮图书。而且自己可以转动幻灯片，转换不同的画面，一个故事就这么生动有趣地展现出来。这本书是迪士尼出版的儿童书，创造性地把书、影片、儿童、故事紧密而有机地连接在一起，调动了儿童的视觉、触觉感观，用一种全新的方式吸引儿童。作为一个成人，对这本书都很感兴趣，它可以互动，而且融入多媒体配合书的故事的表达。玩具化的幼儿书充满着创意，把平时的幼儿书变得不寻常，变得耐人寻味。

幼儿创造力有其自身特点。它是一种潜在的能力，具有发展性。其表现方式与成人相比具有生活情景性。幼儿创造力培养是一项全面性的工作，而不仅仅局限于创造技巧、逆向思维等个别方面的培养。此外，幼儿创造力应该突出其个体特点，即对幼儿创造力进行评价时，应该以幼儿自身发展水平为标准。幼儿创造力的发展不仅可以为个体创造力成长奠定基础，而且满足了幼儿身心发展的需求，可以为个体的终身发展奠定基础。幼儿创造力发展需要一定的外部环境，其中，教师的作用至关重要。本文主要采用调查法和访谈法，力图了解当前幼儿教师在对幼儿创造力认识与培养方面的特点及不足。调查结果表明，当前幼儿教师在该方面的不足表现为：在幼儿创造力认识方面，幼儿教师倾向于强调幼儿创造性思维（尤其是逆向思维）和创造技巧的培养；忽视了对幼儿兴趣、好奇心的引导与促进。在促进幼儿创造力的教育教学实践中，幼儿教师表现为缺乏参与幼儿创造活动的意识和实际行动。在幼儿创造力评价方面，幼儿教师的评价方式倾向于结果性评价。另外，调查研究发现，幼儿教师对幼儿创造力的认识与教育教学实践相脱节，前者相对明显超前于后者。

二、艺术性

艺术也是人的一种本能的体现。H.里德则认为，"艺术从根本上说是一种本能；如果人们过分刻意地对待这种本能，本能就会缩进无意识的贝壳之中"，"艺术也试图告诉我们某些东西：告诉我们有关宇宙、自然、人类或艺术家本人的东西。艺术是一种认识方式……只有当我们明确地把艺术功能看作一种与人类赖以了解其环境的其他方式并行不悖的认识方式时，我们才能体味到艺术在人类史上的意义。"艺术在我们的世界中无处不在，美无处不在。其实美就是秩序、规律，是理念。审美并不限于艺术家的眼光，对于科学家和其他领域具有不可预测的价值和意义。爱因斯坦就曾说过，他的科学发现所依赖的不是严密的逻辑推理，而是一种直觉，一种想象，他甚至把审美作为科学发现的一个标准。物理学家狄拉客认为，使一个方程具有美感比使其符合试验更重要。美的体验和欣赏是人的本能和潜力，从小培养美的感受和艺术的熏陶，是当今社会儿童教育的方式之一，韩国已经将设计和艺术纳入对幼儿的教育之中，艺术的教育对幼儿不仅培养他们的艺术感受和欣赏能力，还会影响到整个国家的综合国力的发展，意义更加深远。

1957年，苏联发射的第一颗人造地球卫星震惊了美国朝野，全国上下一致认为是教育的不力造成了美国的落后。为此，教育界也进行了深刻的反思。10年之后，教育家们得出结论：美国的科学教育是先进的，但艺术落后，是两国科技人员文化艺术素质方面的差别导致了美国空间技术的落后。于是，1967年美国政府决定在哈佛大学教育研究生院创立"零点项目"，由著名哲学家戈德曼教授主持。该项目的主要任务是在学校中加强艺术教育，开发人脑的形象思维问题。为什么要以"零"命名呢？因为"零"代表空白，意在以此唤起国人对艺术教育的重视。此后的20多年中，对该项目投入上亿美元，参与研究的科学家、教育家超过百人，他们先后在100多所学校做实验，取得了丰硕的成果。

■ 三、游戏性

对于儿童来说，游戏往往是艺术，艺术往往是游戏。我国著名美学家朱光潜认为，艺术的雏形就是游戏，游戏之中含有创造和欣赏的心理活动。把书设计成玩具，可以让幼儿在游戏中去学习。主客体互渗阶段的儿童是以感性的态度理解世界的。在儿童眼里，宇宙万物都是有生命的，有感情的，他们对世界充满着丰富的艺术想象力。

《智高FUN》将教学内容变成游戏化，让小孩在玩乐中增强学习能力，玩出智慧来。这套配对游戏板，让幼儿在动手翻揭，用眼睛用脑的同时，还学会手眼协调，促使脑部发育；更配合幼儿擅长的观察力，用游戏方式引导他们专注细看，一个单元一个单元地联系，让他们学会了认识各种不同种类的汉字、英文、色彩、造型等。游戏的组成是游戏板和图册，首先揭取砖块数字，回答问题，在右页上找到相关的答案，把砖块放到正确的答案上；完成16块，翻转看背后的砖块色彩与右上方的是否一致，就可以马上知道对与错。

这套书在香港书展儿童馆的人气是最旺的，很多小朋友就坐在桌边玩这套书，表现出非常浓厚的兴趣，还有大部分的家长是二次消费者，他们认为效果很好，再次购买送给亲戚朋友。据了解，这套书的使用率很高，以动态的、延续性的眼光去设计，适用于不同阶段的儿童，分几个年龄段，选择适合儿童相应年龄段的书进行学习。多个小孩家庭反映，一套书适用于全家。这套书不仅将游戏融入学习中，而且考虑到儿童的发展和延续性。

《Magic Show》这本书是两位魔术师将一个个的魔术游戏设计于一本书中，不仅是在介绍魔术，还通过书的结构和卡片在书的这个平台上玩魔术。在这本书中总共有12个魔术，参与性、互动性和创造性在这本书中得到充分的体现。

幼儿书的知识性、趣味性、简约性、创

造性、艺术性和游戏性的特点指引着设计的方式，如何去设计玩具书是值得我们去探讨和实践的。

第三节　节奏与叙事

■ 一、节奏艺术

在艺术的广泛领域中，节奏是一种普遍存在且至关重要的元素。它最初源于音乐领域，被定义为音符的时值关系，是构成音乐时间结构的基石。在音乐中，节奏不仅涉及音符的长度，即它们持续的时间，还涉及强调的放置，即哪些音符被强调，这两个方面共同构成了音乐的韵律基础。重音的确定是形成规律性节奏循环的关键，通过这种方式，音乐家能够创造出各种引人入胜的音乐作品，激发听众的情感和情绪。然而，节奏远不止于音乐。在日常生活中，节奏无处不在，它存在于我们的语言、步伐、心跳甚至是日常工作和生活的安排中。例如，当我们说话时，语速、停顿和重音共同创造了一种独特的语言节奏，它不仅有助于传达信息，还能传达情感和意图。在体育运动如跑步或游泳中，维持一种稳定的节奏有助于提高效率和耐力。因此，节奏作为一种基本的时间组织形式，对人类的活动和认知有着深刻的影响。

在儿童玩具书设计中，节奏的概念被巧妙地应用，以创造引人入胜的阅读体验。设计师通过控制视觉和听觉元素的节奏，吸引儿童的注意力，并激发他们的好奇心和学习兴趣。通过变化页面的布局、颜色和图形，书籍可以创造出视觉上的节奏，引导孩子的眼睛从一个元素转移到另一个元素。此外，通过故事中重复的句子或短语，儿童玩具书可以建立起一种节奏感，帮助孩子预测接下来的内容，增强他们的参与感和阅读理解能力。

因此，节奏在儿童玩具书的设计中扮演着至关重要的角色。它不仅使书籍本身成为一个充满活力和趣味的学习工具，还促进了儿童的认知发展和感官协调。通过巧妙地运用节奏，设计师可以创造出一种既有教育意义又充满娱乐性的阅读体验，这种体验覆盖了视觉、听觉和触觉等多个方面，旨在全面发展儿童的多种能力。

■ 二、感官节奏

1. 视觉节奏

视觉节奏的打造对于吸引儿童的注意力至关重要。设计师可以通过颜色、插图布局和图案的变化来创造视觉上的动感和流动性。例如，通过使用鲜艳的颜色对比和复杂的图形，书籍可以引起孩子的好奇心。同时，插图的科学排布可以引导孩子的视线移动，从而增强阅读集中度。图案的变化不仅提供视觉上的刺激，还可以传达故事的情绪和气氛，使阅读成为一次发现和探索的旅程。

2. 文字的节奏感

通过巧妙的文字布局、字体选择和句式构造，文字可以成为增强阅读体验的强大工具。利用重复的句子或短语可以建立起一种预期的节奏感，帮助孩子理解和记忆故事内容。此外，特殊的语音效果，如押韵和节奏变化，可以使文字更具吸引力，将枯燥的信息转化为生动、动感的语言，从而提高儿童的阅读兴趣和参与度。

3. 材质感官体验

儿童玩具书通常采用各种不同的纹理和材料，如光滑的纸张、毛茸茸的布料或硬塑料，这些不同的材质可以增加触觉体验，使孩子在阅读过程中得到更多的感官刺激。此外，书页的设计，如翻页的惊喜元素和可互动的部件，也是创造节奏感的重要组成部分。这些元素不仅增加了阅读的互动性和趣味性，还能促进儿童的手眼协调和细致动作技能。

玩具书设计师可以创造出丰富多彩的感官节奏，不仅增强了儿童的阅读体验，还促进了他们的感官发展和认知能力。玩具书不仅是一个传递故事的媒介，更成为一种教育和娱乐并重的工具，使得阅读变成一个全方位的感官体验。

■ 三、叙事节奏

叙事节奏在儿童玩具书中扮演着至关重要的角色，直接影响着孩子的阅读体验和故事理解。叙事节奏的设计需要考虑故事内容的流动性、孩子的年龄特征以及阅读能力，以确保故事既能吸引孩子的注意，又能适应他们的认知水平。

1. 线性叙事

在玩具书的叙事结构中，线性叙事是最传统也是最直接的方式，它按照时间顺序展开故事，使得故事的发展清晰易懂，便于儿童跟随。这种叙事方式符合儿童对世界的基本理解，帮助他们建立因果关系和时间顺序的概念。然而，单一的线性叙事可能会变得过于单调，缺乏吸引儿童探索的激励。

2. 非线性叙事

提供了更加丰富和多元的阅读体验。通过引入闪回、梦境或者选择性的故事路径，非线性叙事激发儿童的想象力和创造力，使他们成为故事的一部分，参与到故事发展的多种可能性中。在玩具书中，互动叙事特别适用，如通过翻页来决定故事走向，或者选择不同的活动来影响故事结局。这种叙事方式不仅增强了儿童的阅读乐趣，也促进了他们的决策能力和逻辑思维能力。

3. 空间叙事

它通过空间布局和环境设计来讲述故事。这种叙事形式在玩具书设计中同样适用，特别是在创造一个沉浸式的阅读环境时。通过书页设计不同的场景，孩子们翻页时就像在不同的空间中旅行。每个场景都是故事的一部分，通过场景变化来推进故事情节。还可以通过设计含有多个层次或可翻动的页面，孩子们可以探索同一地点的不同视角或不同时间段，这种多维空间体验可以加深他们对故事背景和上下文的理解。不仅增加了阅读的趣味性，也进一步增强了叙事节奏的变化和多样性。

玩具书的设计师可以探索和实践不同的叙事节奏，从而提供给儿童一个多层次、互动性强的阅读体验。无论是传统的线性叙事还是创新的非线性叙事，恰当的叙事节奏都能引导儿童沉浸在故事中，激发他们的好奇心和创造力，促进他们的语言和认知发展。

除了叙事方式的选择，玩具书的叙事节奏还体现在故事的情绪变化、场景转换和角色发展上。合理的节奏安排可以使故事情绪逐渐累积，达到高潮，然后逐渐平缓，引导儿童经历一系列的情感变化，从而加深他们对故事情节和角色的共鸣。此外，场景的快速转换和角色的发展也需要精心设计，以确保孩子们能够顺利跟随故事的进展，而不会感到混乱或失去兴趣。玩具书的叙事节奏还与书本的物理设计紧密相关，如翻页的节奏、互动元素的布置和故事活动的安排。这些设计元素不仅增加了阅读的趣味性和互动性，也在无形中塑造了故事的节奏感。例如，一些玩具书通过翻页来揭示新的故事情节或隐藏元素，这种设计既增加了惊喜感，也让孩子们期待继续阅读和探索。

总之，叙事节奏的探索与实践是玩具书设计中的一项重要工作，它要求设计者充分考虑儿童的心理和认知特点，以及如何通过故事内容和物理设计来吸引和保持他们的兴趣。通过创新的叙事方式和精心设计的节奏安排，玩具书可以成为儿童早期学习和发展的宝贵资源，不仅提供娱乐和教育，还激发孩子们的想象力和创造力。

第四节　技术

■ 一、开本

开本大小是儿童书造型的具体尺寸，对于儿童玩具书而言，也是设计的要素之一。不同的尺寸大小，会给孩子带来不同的体验。

合适的开本大小，会带给孩子适合的阅读行为，并能提升他们的阅读兴趣和体验感受。大开本的玩具书更会吸引消费者的视线。大尺寸，内容的含量很大，给孩子的视觉冲击力也会增强；相比较而言，小尺寸的玩具书也同样会引起儿童的兴趣。迷你版的玩具书就像积木般，可以在儿童手中把玩。儿童书的造型，正方形开本比较多，开本在16开左右的童书比较多。32开的开本适合系列主题的童书。

特别的开本往往会给读者留下比较深刻的印象。作者在香港书展中见到一本4开大小的玩具书，打开内页就是对开大小，留下深刻的印象，又回到展位购买了这本书。这是一本游戏书，对开的内页是一个主题内容，运用色彩、数字、地点等，将信息和知识巧妙地隐藏在内页的场景里。

开本的设计是玩具书比较重要的设计要素，本书的设计灵感来源于图书《老鼠和猫》，也是采用了大开本的设计。也有马克龙书，就是小小的尺寸，在幼儿的手中把玩。有意思的开本，可以激发幼儿的好奇心和阅读的兴趣，促进他们有效的学习。

■ 二、材质

在幼儿接触图书的那一刻开始，就和书的材质发生了关系。材质不仅是内容的载体，而且可以训练幼儿的触觉。后者的作用往往被我们所忽略，但对幼儿的教育具有其独到的效用。通过最初的触摸行为获得的敏感性，也能加强视觉体验的感受力和愉悦度。

根据一些自然哲学家的看法，触觉敏锐对应着一种更聪慧的智力。而且随着各种新技术，特别是虚拟技术，我们以新的方式研究人与空间之间在触觉上的互动：触觉被认为是联系未来最重要的感觉，因为各种的电子科技都需要种种的触觉上的界面，才能做到有效的人际沟通。而材质是训练幼儿触觉的重要途径，所以我们可以充分利用书的材质。传统的幼儿书采用纸质，纸质是通常的材质，那么带给幼儿的感觉也会是通常的感觉。如果要调动他们触觉的敏锐，可以采用不同的材质。新鲜的材质会带给幼儿新鲜的感觉。洗澡书，将书的材料改为泡沫，可以漂浮于水面，就像小孩洗澡时的玩具一样，既可以供儿童洗澡时玩耍，又可在玩的过程中看书中的内容。《*Touch and Tell*》这套书通过改变书的部分材质，带给幼儿全新的体验，通过触摸小鸭的绒毛、衣服等，加深对事物的认知和感受。《三只小猪》把书的材质改成布质，并加入海绵。柔软的、毛茸茸的玩具会引起儿童的好感，促使他们去游戏。根据不同的题材，选择不同的材质，增加他们对内容的深入理解，并增进他们与书之间的感情。

■ 三、打样

玩具书设计不同于传统书的设计，需要实验、制作结构样书，再打最终样品。样品可以发现问题，及时地解决问题，而且锻炼了动手实现能力。很多大人和孩子比较喜欢玩具书的实物制作。

结构小样＋印前打样，是玩具书设计过程中的必要要素。打样源于书籍设计的方法，做书的设计需要制作小样，小样能够帮助我们把

平面的图形转化为三维的实物，实物的感觉引导我们正确地去感知设计方案，协助我们去判断、调整和改进设计。而且，有时候在做的过程中，会迸发出新的灵感，激发新的创意和想法，让玩具书变得更加好玩。

样页和样书的制作，可以把内容分解得更为详细，也能解构整个内容，翻阅的体验和阅读的流畅性是通过样书来感知和检测的。

第五节　感觉

■ 一、视觉

（一）色彩

不同的色彩同样也会给幼儿带来不同的视觉感受，要把色彩理解为一种表达的语言。色彩的使用不能光凭设计师本人对色彩感觉的好恶，必须根据设计对象的内容进行选择。心理学家 Karl Luscher 指出，小孩确实有自然喜好的颜色尺度（从红色、黄色、橘色和各种纯色，到紫—灰色和各种暗的颜色）。而且由于性别的不同，男孩和女孩对色彩的敏锐度和兴趣取向都有所不同，在对于女孩进行内容设计时，多采用粉色、暖色的明度高的色彩，迎合她们的心理；针对男孩的内容设计时，他们从小就会有英雄主义，多采用蓝色、冷色的色彩。

（二）造型

书的外形，在儿童玩具书设计中是最为丰

富的，而且形态是多种多样的，很多玩具书突破了书的传统形态，异形已经是玩具书比较常见的形态。

玩具的形、书的内容在玩具书里得到了比较完美的结合。造型是幼儿书设计考虑的重要元素之一，书的形状和大小直接影响幼儿对书的直观感受。目前部分幼儿书有着不同的形状，如动物或玩具的造型，赋予一种童趣。同时，书的大小也直接影响着幼儿的行为。口袋书就是最好的实例。在大小上适合幼儿拿取，更重要的是方便幼儿携带，可以随意地放在口袋里，随时可以拿出来玩玩和看看。幼儿的习性是不定的，只要书好玩、方便，他们就会感兴趣。大小的设计适合幼儿的生理特点和行为习惯，调动幼儿对书的主动创造性和读书的兴趣。

（三）插画

以插画为主的儿童书创作，我们称之为绘本。绘本类的儿童书占据了童书的大部分市场。儿童在阅读过程中完全凭借插画理解故事及相关信息，更多时候是不需要任何文字而只通过图来表达内容的。在幼儿阶段，以图为主的书更吸引孩子们的目光，儿童的思维方式比较简单，图对于他们更具吸引力。插画以图为主，文字为辅。插画书作为儿童读物已有百年历史，捷克著名的教育家夸美纽斯于 1658 年出版的《世界图解》被公认为是世界上第一本图画书。

玩具书中的插画的设计，最大的特点是在叙事的设计下，采用独特的视觉风格将内容呈现出来，吸引儿童的视线，与他们产生共鸣。欧美国家、日本都有其国度的插画风格，中国的童书的插画也开始创新，逐步跳出原有的框架，开始风格和绘画语言的创新。

■ 二、听觉

听觉对于幼儿对事物的理解和记忆具有推动作用。部分幼儿书中出现与内容相关的声音，能够加深幼儿对事物的认识和记忆。我们可以将书作为一个剧本，重新审视幼儿书的听觉设计，使之成为多维的知识载体，这可以加深书的内容，促进幼儿的理解和体会。

当孩子玩弄声音的游戏时，不但会不经意地提升"听"的技巧，同时也会增加听觉记忆的储存量。察觉声音：对声音有反应，能找寻音源；分辨声音，能够区别环境音和语音。

听觉的设计，是再现场景的氛围感，医学上认为人类在胎儿时期就已经具有了一定程度对声音的感知能力，听觉可以促进儿童的记忆能力和理解能力。听到优美的音乐，孩子脸上会流露出愉快满足的表情；如果听到刺耳的声音，他们会皱起眉头，而那种具有特色的声音则往往更容易被儿童记住。因此，将声音与图书内容结合起来，会为读者创造出一个更为丰满且情感充沛的虚拟世界，从而更深刻、完美地诠释图书当中的内容。

声音是最快的传达方式，听觉是一种传达功能，我们能彼此传达思想是因为我们被教育说出有某种固定意义的声音，并且一听到这个声音就能立刻了解。听觉对于幼儿对事物的理解和记忆具有推动作用。目前的幼儿书已经开始加入听觉的元素，按动按钮，就可以发出各种声音。例如，在介绍动物的书中，猴子章节就会发出猴子的叫声，对幼儿的认识已经突破二维平面的视觉感受，延展到空间的声音的传播，加深幼儿对事物的认识和记忆。但这种听觉的设计过于简单和机械，可以用将书当成一个剧本在演一出戏，需要配什么样的声音的设计思路重新审视幼儿书籍关于听觉的设计，那么设计出来的幼儿书籍将是个多维的知识载体。听觉可以加深幼儿对书的内容的理解和认知。托马斯火车的玩具书，将有关的声音分解为鸣笛的声音、行走的声音、喇叭的声音等，从听觉和视觉加深对知识内容的认知，提升孩子对书的兴趣。

■ 三、味觉

儿童的世界充满着气味，而且嗅觉是他们学习的手段之一。研究表明各种味道唤起记忆，引起感觉与心智意向。

嗅觉通达人脑中最具古老的部分（rhincephalon 复合体），它是人类在身体进化中最早发展的部分。因此人最深刻、最直接的感情即是与味道相关联。对嗅觉的记忆是快速且暂时的。能够知觉到某种气味是相当激发潜能的，因为它可即刻唤起对某一地方和事物的印象及记忆。儿童的世界充满着气味，而且嗅觉是他们学习的手段之一。Reggio Emilia 幼儿园曾经作过"儿童与气味的关系"之研究，研究的内容包括：各种味道唤起的记忆，对于各不同味道的辨别，各种味道所引起的感觉与心智意象，以及基于这些研究所设计出的种种好闻的和不好闻的味

道为主的探索性活动。若我们能对嗅觉进一步体验并知觉，就可能在儿童身上重新启发这珍贵的潜能。因此我们需要在这方面发展一种设计书籍的文化，以确保此味道景观多样化、富有刺激性且能保持常青。调动嗅觉和味觉的幼儿书籍仍处于空白领域，我们可以尝试在这片空白地上种出美丽芬芳的花朵。

■ 四、触觉

书籍材料的质感可引起视觉和触觉的感受，平滑的、粗糙的、柔软的、坚硬的……这对于书籍设计来说十分重要。通过最初的触摸行为获得的敏感性，也能加强视觉体验的感受力和愉悦度。材质是训练幼儿触觉的重要途径，所以我们可以充分利用书的多样材质，带给幼儿新鲜的感受。

年龄越小的儿童对触觉越敏感。材料玩具书通过材料的质感，再现角色的质感和真实感。使用接近角色的材料，比如不同肌理、不同软硬程度的材质在玩具书中，用以加深玩具书的触觉感受。比如枕头书，采用棉质和棉花的材料，还原成枕头形态，让这本玩具书既可以软质地翻开，也可以躺在枕头上。对于儿童而言，触感的温度和体验是用心体会到的，设计师用心设计，才能带给儿童更有趣和更生动的体验。

04

第四章

玩具书设计策略

第一节　重构

重构是重新构成、重新解构之意。这是一种设计方法，根据幼儿心理和生理上的特点，对书的内容进行解构，把设计的主动权交给幼儿，由他们根据自己的感觉和理解来重构书的内容和结构。采用这种方法设计的幼儿玩具书可充分调动幼儿的主动性和兴趣，发挥他们的想象力和创造力。

把物体打散重新构成，把幼儿读物根据幼儿的心理和生理特点进行分解，然后让幼儿根据他们的意愿和想法去重新构成。这样可以充分调动幼儿的主动性和兴趣，发挥他们的想象力和创造力。多做、多动手，开发幼儿的右脑，可以加强幼儿对事物的感受力。对书的内容进行解构，把设计的主动权交给幼儿，由他们根据自己的感觉和理解，运用想象力来重构书的内容和结构。香港儿童玩具图书馆中的《百变傻脸》就是为了培养幼儿的创造力。包含38张五官特征脸贴，4张脸卡，1个转轮底板。幼儿可以选择不同的五官组合成不同表情的脸，在过程中体会愉悦性，其创造力在无形中得到了锻炼。

《魔法王国》这本书通过把故事中的角色打散，将这些动物、人物、树木重新构成一个故事和画面，将艺术性和创造性都融入了设计之中。故事书发展了幼儿的语言表达能力，培养了其创作力和想象力，并锻炼了其讲故事的技巧。重构的方式重要的是明确设计打散的目的和幼儿再组合的意义和价值。重构体现幼儿书玩具化设计的创造性、游戏性。

一、重构与幼儿创造力

创造力是指个体产生新颖且有价值的想法、解决问题的能力以及将想象变为现实的能力。在幼儿阶段，创造力的培养尤为重要，因为这是性格和认知功能发展的关键时期。通过重构活动，幼儿可以在探索和实践中发展自己的创造性思维。

1. 激发幼儿的好奇心和探索欲

幼儿天生具有好奇心和探索欲。重构活动通过提供一个可以自由操作、实验和变换的环境，满足了幼儿探索未知的天性。在这个过程中，孩子们会提出问题、寻找答案并尝试不同的组合方式，这种探索过程本身就是创造力的体现。当幼儿尝试用不同的物品组成新型的结构或图案时，他们不仅学习了物体的属性和关系，还在无形中锻炼了自己的观察力和想象力。

2. 促进幼儿自主学习和创意表达

重构方法的核心是孩子的自主性和选择权。在重构活动中，幼儿不是被动接受成人的教导，而是根据自己的兴趣和判断进行探索和创作。这种自主性不仅增强了孩子们的学习动力，还鼓励他们表达自己独特的想法和感受。当幼儿意识到自己的创意被认可和尊重时，会更加自信地表达自己，进一步促进创造力的发展。

3. 培养问题解决与创新思维

在重构的过程中，幼儿会遇到各种挑战，比如如何使结构更稳固、如何让作品更有吸引力等。这些挑战要求幼儿思考并寻找解决方案，促使他们运用创新思维和批判性思维。

通过不断的尝试和调整，幼儿学习如何从错误中学习，并在此过程中培养解决问题的能力。

4. 重构与艺术创作的结合

艺术是创造力的重要表现形式之一。在重构活动中融入绘画、音乐或舞蹈等艺术元素，可以让幼儿在艺术创作中发挥想象力和创造力。例如，孩子们可以使用不同颜色和形状的材料来创造新的艺术作品，或者通过改编故事来表演一个戏剧，这些活动不仅增强了他们的艺术感知力，还激发了创新思维。

5. 重构活动的社会文化意义

重构活动还可以引入不同的文化元素，让幼儿在重构过程中接触并了解不同的文化背景。这种跨文化的学习经验不仅拓宽了幼儿的视野，也促进了他们在多元文化环境中的创造力和适应力的发展。

综上所述，重构活动通过提供丰富多样的材料、环境和情境，激发幼儿的好奇心和探索欲，鼓励他们进行自主学习和创意表达，同时促进了他们的问题解决能力和创新思维的发展。重构不仅是一种学习方法，更是一种促进幼儿创造力全面发展的教育理念。

■ 二、重构与幼儿认知发展

认知发展是指个体知识获取、思维、理解以及解决问题能力的成长过程。对于幼儿而言，这一过程尤为关键，因为它奠定了未来学习和生活的基础。重构活动，作为一种动态的学习方式，对于促进幼儿认知发展具有重要意义。

1. 提升幼儿的观察力和注意力

在重构的过程中，幼儿需要观察不同的物体特征，如形状、颜色、大小和质地。他们必须集中注意力，仔细辨别这些特征，以决定如何将它们组合在一起。这种细致的观察不仅锻炼了幼儿的视觉分辨能力，还提高了他们对细节的关注程度，这对认知发展至关重要。

2. 促进逻辑思维和理解能力

通过拆分和重组物体或概念，幼儿学习如何按照逻辑顺序和因果关系来思考问题。在构建一个故事或设计一个机械模型时，他们必须理解各部分之间的关系和互动。这种逻辑思维和问题解决的过程有助于构建和加深幼儿对世界的理解。

3. 激发语言能力和表达能力

幼儿经常需要描述他们的创作过程和结果，与他人交流想法和感受。这种交流不仅促进了语言能力的发展，还帮助幼儿学会如何清晰、准确地表达自己的思想和情感。此外，通过讲述重构的经历，幼儿能够扩展词汇量并提高叙述技巧。

4. 提高空间感知和数学技能

重构活动往往涉及空间关系的理解和应用，如将不同的形状和部件组合成一个新的整体。幼儿在这一过程中学习如何识别和操作空间对象，这对于空间感知和初步的数学概念学习至关重要。例如，通过堆叠、对齐和旋转不同的构建块，幼儿不仅学习了关于形状、大小和数量的概念，还培养了测量和比较的初步能力。

5. 促进记忆力和认知策略的发展

在重构的过程中，幼儿需要记住不同的信息和操作步骤，这是对他们短期和长期记忆能力的良好训练。此外，幼儿在尝试不同的重构方案时，会逐渐学会使用记忆技巧、注意力集中和信息组织等认知策略，这些策略对于他们未来的学习和生活都是非常有用的。

因此，重构活动通过提供丰富的物理和认知挑战，有效地促进了幼儿的认知发展。通过这些活动，幼儿不仅在知识和技能上得到了成长，更重要的是，他们学会了如何学习，这将为他们未来的教育之路奠定坚实的基础。

■ 三、各项发展

重构是把设计的主动权交给幼儿，让他们成为自己学习过程的主导者，而不是被动的接受者。重构强调的是幼儿的主体性和创新性，它鼓励幼儿去探索和实验，而不是遵循既定的规则和模式。重构让幼儿在自由的创作空间中，发挥自己的想象力和创造力，从而提高自己的认知能力、情感表达和社会技能。

1. 信息重组

在认知发展方面，幼儿对信息进行加工和重新组合，这个过程激发了他们的逻辑思维和问题解决能力。当幼儿在玩具书中重新排列故事片段时，他们不仅学会了识别故事中的因果关系，还练习了如何构建连贯的叙述。这种活动对提高幼儿的认知能力、增强记忆力和理解力有显著作用。

2. 情感表达

在重构的过程中，幼儿不仅可以表达自己的想法和情感，还可以通过观察和互动理解他人的感受和视角。当孩子们一起阅读以构建一个共同的项目时，他们学习如何表达自己的喜悦、挫折或成功，同时也学会了理解和尊重同伴的情感状态。这种情感的交流和共鸣对于培养他们的同理心和情感智力至关重要。

3. 协作培养

在共同创造故事或游戏的过程中，幼儿学习如何与他人合作、分享想法，并尊重不同的观点。这些社交互动不仅提高了幼儿的沟通能力，还帮助他们建立良好的人际关系。有的玩具书是共同阅读和协作完成内容的。幼儿有机会与他人合作，共同解决问题和达成目标。在这一过程中，他们学习了如何沟通、协商和解决冲突，这些都是有效社交技能的关键组成部分。此外，通过与不同背景和能力的同伴合作，幼儿可以学习如何适应不同的社交环境和文化多样性。

重构是创造力培养的一个重要途径。在自由组合和重构故事元素的过程中，幼儿被鼓励发挥想象力，创造出独特的作品。这种创造性思维的锻炼对于幼儿的整体智力发展至关重要，它不仅培养了幼儿的原创性思维，还激发了他们对新知识和新技能的兴趣。作为一种教育和设计方法，在幼儿的发展中具有多重价值。它不仅促进了幼儿的认知、情感和社交技能的发展，更重要的是培养了他们的创造力。在教育幼儿的过程中，重视并利用重构方法，能够有效支持幼儿全面健康地成长。

第二节　多元

■ 一、多元兴趣

兴趣是最好的老师，幼儿时期是人类心理和认知发展的关键阶段，这一时期的儿童对周围世界充满好奇，他们的兴趣广泛且变化多端。心理学家认为，幼儿的心理发展经历多个阶段，每个阶段都有其特征和需求。例如，皮亚杰的认知发展理论指出，幼儿从感觉运动阶段逐步过渡到前运算阶段，在这个过程中，他们的思维方式从依赖直接感觉体验转变为能够进行基本的符号和概念操作。

这种发展过程直接影响幼儿的兴趣和行为。在早期阶段，幼儿更倾向于通过感官体验（如触摸、尝味、观察颜色和形状）来探索世界。随着年龄的增长，他们开始展现出对故事、角色扮演和更复杂游戏的兴趣。此外，幼儿的好奇心驱使他们对新鲜事物产生浓厚兴趣，但他们的注意力通常较为分散，容易被新奇事物吸引。幼儿的多元兴趣也体现在他们对于幼儿书的不同反应上。他们可能会对书中的图案、颜色或故事情节表现出浓厚兴趣，同时，他们也可能因书本的物理特性（如不同的纸张、质地或书本的大小、形状）而着迷。这种兴趣的多元性要求幼儿书设计能够满足不同阶段幼儿的需求，同时提供多样化的感官刺激和认知挑战。

除此之外，幼儿的社会性发展也是影响他们兴趣的一个重要因素。幼儿期是形成初步社会关系的阶段，他们通过与同伴的互动学习社会规则和协作技能。因此，能够促进社交互动和合作的幼儿书设计，如包含角色扮演元素或共读活动的书籍，将更能吸引幼儿的兴趣。

幼儿心理和兴趣的多元性要求幼儿书设计者不仅要考虑到不同年龄段幼儿的认知和感官发展水平，还要考虑到他们的社交和情感需求。这种全方位的考虑将使幼儿书成为不仅能够启发智慧，也能满足情感和社交发展需要的工具。

■ 二、多元维度

在这个快节奏、多元化的时代，幼儿书籍设计正面临着不断的创新挑战，以吸引年幼的读者群。设计创新的核心目标不仅仅在于提升书籍的视觉吸引力，更重要的是要激发儿童的想象力、创造力及对学习的热情。幼儿玩具书设计越来越多地融入教育元素，如基础数学概念、自然科学知识等，丰富的教育元素和维度，目的是在阅读的同时促进幼儿的学习，从不同的维度给予幼儿学习的机会，不只是知识的学习、情商的学习、礼仪的学习、习俗的学习，全方位的教育方向给予互动的方式多种多样。将现代教育理念融入幼儿书设计是一个多维度的过程，它不仅涉及知识的传授，还包括情感、社交技能和文化理解的培养。

认知发展：包括颜色、形状、大小、数量的认识，以及对不同主题的基础了解（如动物、植物、交通工具等）。玩具书通过丰富的视觉元素和互动性促进幼儿的观察、比较和分类能力。

语言能力：玩具书中的故事情节和角色可以帮助幼儿理解和表达不同的情感，学习合作、分享以及解决冲突的方法，从而促进社交技能的发展。

道德和价值观：通过故事中的正面角色和情节，玩具书可以传达诚实、勇敢、善良、尊重等道德价值观，帮助幼儿建立正确的世界观和价值观。现在的孩子在德育方面的教育有限，都是被父母长辈捧在手心之中，价值观的塑造和德行的建立，对孩子的成长具有很深远的意义和价值。

幼儿书越来越注重故事内容的多样性和包容性。这不仅包括不同文化背景的故事，也涵盖了各种社会、科学和艺术主题，旨在培养幼儿对广泛领域的兴趣和理解。通过内容的丰富，开阔幼儿的视野，拓展他们的眼界。

三、多元理念

随着教育模式的不断进步和创新，幼儿书的设计也开始越来越多地融入现代教育理念，特别是探究式学习和游戏化学习。这些理念的融入，不仅丰富了幼儿书的教育价值，也增强了其吸引力和有效性。

探究式学习的整合：探究式学习倡导让儿童通过探索和发现进行学习，而非仅仅通过被动吸收。在幼儿书籍设计上，这体现为设立开放式问题、互动性活动和实践项目。举例来说，一本关于生态的幼儿书可能会激励儿童观察他们的环境，提出疑问，并通过简易实验寻求答案。这种方式不仅使书籍更加引人入胜，还促进了孩子们的主动探索和思考。

游戏化学习的融合：游戏化学习指的是在教学过程中应用游戏元素和思维。在幼儿书籍设计方面，这意味着融入各种游戏机制，比如挑战任务、积分系统和角色扮演。通过这样的游戏化设计，幼儿不仅在阅读和互动过程中学习知识，还能在游戏的趣味中发展他们解决问题的能力和创造力。一本以数学为主题的幼儿书可能构建为一系列的解谜游戏，使孩子们在解答数学题目的同时，享受成功和娱乐的双重体验。

多元文化的融入：随着全球化趋势的加深，从小培养幼儿对不同文化的了解和尊重变得尤为关键。幼儿书籍通过展示各国的故事、习俗和语言，增进幼儿对多元文化的认识和尊重。这种文化的多元融合不仅拓宽了幼儿的视野，也为他们将来成为具有全球视角的公民奠定了基础。

四、多元感官

在幼儿书的设计中，材质选择和感官感受的提供是至关重要的。这些元素不仅影响幼儿对书的第一印象，还直接关联到他们的学习体验和感官发展。

材质的多样性：不同的材质能够提供不同的触觉体验，这对于幼儿的感官发展尤为重要。例如，软质的布书适合婴幼儿使用，它们安全且易于抓握；硬质的纸板书适合稍大的幼儿，它们可以承受更频繁的翻阅。此外，还可以使用有特殊质感的材料，如凹凸纸、亮片或绒面材料，以增加触觉的多样性。

色彩的运用：鲜艳且对比强烈的色彩能够吸引幼儿的注意力，同时也有助于视觉发展。色彩的使用不仅限于吸引眼球，更可以用于教育目的，如通过不同颜色来区分对象或概念，帮助幼儿学习和记忆。

声音元素的融合：声音是幼儿书中一个重要的感官元素，包括书中嵌入的音乐、动物叫声或其他自然声音，也可以让幼儿体验到这本书的乐趣。这些声音元素不仅能增加阅读的乐趣，还能帮助幼儿学习声音与物体的关联，从而提高他们的听觉识别能力。

形状和结构的创新：创新的书籍形状和结构设计能够激发幼儿的好奇心和探索欲。在现在的幼儿书中，形态的变化越来越丰富，不同造型的玩具书在幼儿的手中产生不同的感觉，用视觉和触觉等综合体验触动幼儿。

味觉和嗅觉的探索：虽然不常见，一些创新的幼儿书也尝试融入味觉和嗅觉元素。含有不同食物香味的书页可以增加幼儿对食物的认识和兴趣。在印刷中，在油墨中混入香料，产生与对象相同的气味，增进幼儿对对象的认知和体会。具有味觉探索的玩具书，在设计和实施之中存在着食品安全问题，可以结合食品厂开发产品，更具有安全保障。

通过这些多样化的材质和感官元素的综合运用，幼儿书不仅提供了丰富的学习材料，也极大地促进了幼儿的感官发展。这种全面的感官感受对于幼儿的整体发展至关重要。

■ 五、多元发展

随着技术的进步和社会的变化，幼儿书的设计不断面临新的趋势和挑战。理解这些趋势和挑战对于未来幼儿书的发展十分重要。

数字化的融合：随着数字技术的发展，未来的幼儿书可能会更多地融合数字化和多媒体元素。使用增强现实（AR）技术或虚拟现实（VR）技术来创造更为沉浸式的阅读体验。这种技术的融合不仅可以提供更为丰富的互动体验，也能让幼儿探索虚拟现实的世界。

个性化的增长：随着技术的发展，个性化和定制化的幼儿书可能会成为主流。通过分析幼儿的阅读习惯和偏好，未来的幼儿书可以更加精准地满足每个孩子的独特需要进行定制。根据性别不同，设计为不同造型的玩具书，也会为孩子设计特定的游戏和玩法。

全球化和多元文化的重视：随着世界越来越多元化，幼儿书的内容和设计也需要反映这一全球化趋势。这意味着未来的幼儿书需要包含更多文化的元素，教育幼儿理解和尊重不同的文化和背景。

可持续性的关注：环保和可持续性是未来设计的重要考量。使用环保材料和可持续的制作方法将成为幼儿书设计的一部分，以减少对环境的影响。

未来的幼儿书设计将更加注重技术的融合、个性化定制、文化多元性、环保可持续性等，面对这些挑战，幼儿书的设计师和出版者需要不断创新和适应，以满足不断变化的需求和期望。

第三节　互动

在儿童玩具书的创作中，互动设计扮演着核心角色。它不单是作为吸引幼儿注意力的手段，更深层地激发学习的热情和提升教育效率。玩具书中巧妙设置的互动环节，能够把传统阅读变成一种动态的、参与感强的活动，对孩子的智力和情感成长有着积极的促进作用。

在现代教育实践中，互动设计的重要性日益凸显，特别是在儿童教育产品设计领域。孩子们与成人学习方式迥异，他们对新奇事物充满好奇，偏好通过玩耍和探索来吸收知识。因此，一个能与孩子互动的玩具书，更能够抓住他们的注意力，激发他们的学习兴趣。

■ 一、儿童心理与交互

在玩具书的设计中，心理学原理占据着至关重要的位置。心理学家们强调，儿童的学习不仅仅是知识积累，更是一种通过经验获取和情感体验的过程。根据盖兹理论指出，成功的体验能显著增强儿童的学习动力。当孩子在玩耍中实现目标，感受到成就时，他们的自信心和求知欲将得到显著提升。

1. 创造成功体验

玩具书中设计互动元素时，创造成功体验的机会至关重要。当孩子完成一项挑战，如成功拼凑出一幅拼图，他们不仅获得成就感，同时也激发了进一步的探索和学习兴趣。这种体验鼓励他们在未来的挑战中更加主动尝试和解决问题。

2. 游戏化学习

游戏化学习是互动设计的重要组成部分。在玩具书中，通过角色扮演、解谜等游戏元素，学习变得更加有趣，同时孩子们也在玩耍中不知不觉地掌握新知识。这种方法利用了孩子们的好奇心和探索欲，让他们在享受游戏的同时也能学到新东西。游戏就是互动的载体，游戏促进幼儿与书之间的关系。而且，好的游戏会让学习持久，突破了幼儿书的短暂的兴趣期。幼儿可以多次地进行游戏的玩耍和学习。

3. 情感与社交技能

互动设计还关注儿童情感和社交技能的发展。通过与书中角色的互动或与其他儿童共同完成游戏任务，儿童在学习合作、分享和解决冲突的过程中发展自己的社交技能。这种互动不仅加深了他们对故事内容的理解，还帮助他们在真实世界中更好地与他人交往。

4. 认知发展与挑战

从认知发展角度看，互动设计通过提供各类问题解决机会，促进孩子们的认知成长。面对挑战性活动时，孩子需要运用观察、记忆和推理等技能，这有助于提升他们的认知能力。

交互设计的心理学基础强调通过成功体验、游戏化学习、情感和社交技能的发展以及认知挑战来促进儿童的全面成长。玩具书中的交互元素不仅为儿童提供了愉快的学习体验，而且有助于他们在多个方面的发展，包括自信心的建立、社交技能的提升以及认知能力的增强。玩具书中的交互设计不仅限于物理上的互动，如翻页、拼图或操作各种小部件，还包括故事情节的互动，如选择不同的故事路径或参与故事决策。这种设计使得学习过程变得更加生动有趣，同时也让儿童在游戏中学习到新知识、新技能，甚至培养他们的社交能力和解决问题的能力。

因此，交互设计在儿童玩具书的创作中不仅是一种技术手段，更是一种教育理念的体现。它基于对儿童心理和学习特点的深入理解，旨在通过创新的方式促进儿童的全面发展。接下来的部分将深入探讨交互设计的心理学基础及其在玩具书设计中的具体应用。

在儿童玩具书的创作中，交互设计的实践是多元化的。它不仅仅局限于物理互动，如翻页、按压或拼插，还包括故事线、角色互动以及解决问题的过程。这些设计元素共同作用，创造了一个既有教育意义又富有娱乐性的学习环境。

《Flower》是一个交互设计的优秀案例。这本书通过提供可互动的元素，比如从书中取出的花夹子，让儿童在阅读的同时参与到故事中。这种设计不仅吸引了儿童的注意力，而且通过物理互动增强了他们的学习体验。儿童可以戴上花夹子，将自己置于故事中，从而加深了对内容的理解和记忆。

《扭扭蛋》则通过让儿童亲手扭动机器来获取扭蛋，增加了互动的乐趣。这种设计不仅激发了儿童的好奇心，还培养了他们的动手能力和解决问题的能力。通过这种方式，儿童参与到故事的构建中，从而更加主动地参与学习过程。

■ 二、内容与互动

从内容互动的角度来看，玩具书的设计旨在通过吸引儿童的参与和互动来增强他们的阅读体验。以下是几个关键的设计考虑因素：

1. 多感官互动

玩具书应该设计成能够刺激儿童的多种感官。这包括视觉元素（如鲜艳的颜色、不同的形状和大小）、触觉元素（如不同的材质、可移动的部分或触感差异）以及听觉元素（如书中嵌入的声音模块或可操作的音乐元素）。通过这种多感官互动，儿童可以在阅读过程中体验和探索，从而提高他们的参与度和学习动力。玩具书应提供丰富的动手操作机会，如翻翻页、旋转轮子、拉动标签或组装小物件。这种物理互动不仅增强了儿童的手眼协调和细致动作技能，还可以加深他们对故事内容的理解和记忆。

2. 参与式故事讲述

玩具书通常包含可以让儿童参与进来的故事元素。这可以是简单地选择故事的走向，如不同的故事结局，或更复杂的活动，如解谜或寻找隐藏物品。这种参与性不仅让儿童感觉自己是故事的一部分，而且还可以在阅读过程中发展决策和思考能力。

3. 个性化体验

优秀的玩具书设计应考虑到儿童的个性化体验。这意味着提供不同的故事路径和活动，以适应不同年龄、兴趣和能力水平的儿童。通过允许儿童根据自己的喜好和兴趣选择故事和活动，他们的阅读体验会更加个人化和有意义。

玩具书的设计应围绕如何通过内容互动来吸引儿童，提高他们的参与度和学习效果。通过考虑上述要素，设计者可以创造出既教育又娱乐的玩具书，为儿童提供一个富有创意和互动的阅读环境。

■ 三、安全与平衡

在玩具书中融入交互元素时，确保教育内容的质量和互动设计的适宜性与安全性，以及在创新与传统之间寻求平衡，是目前设计者面临的主要挑战。

1. 教育内容互动

设计者需要确保玩具书中的互动元素能够与教育内容相得益彰，而不是相互削弱。互动元素应当巧妙地融入教育内容之中，以提升学习体验，而不是仅仅作为吸引儿童注意力的手段。

2. 适宜性与安全性

在涉及小型部件和高科技元素（如 AR、VR）的玩具书设计中，确保这些元素对儿童既安全又适宜至关重要。这要求设计者在考虑儿童的身体安全的同时，也要关注他们的心理发展和认知水平。

3. 创新性与保持传统

在尝试融入新技术的同时，保持玩具书的传统魅力和亲子互动的核心价值同样重要。设计者需要找到创新与传统的平衡点，创造出既现代又温馨的学习体验。

4. 技术与艺术的平衡

随着科技的不断进步，我们可以预见到更多新技术将被应用于玩具书设计中，例如物联网（IoT）技术、更先进的 AR/VR 体验等，这些技术将为儿童提供更加丰富和互动的学习体验。艺术更多在于幼儿的互动，动手参与体验艺术的创新性，在玩具书设计中，需要考虑体验技术的多样性和艺术的创造性之间的平衡关系。

5. 批量化与定制化协调

随着数据分析和人工智能技术的发展，未来的玩具书可能会提供更多个性化和定制化的学习体验，根据儿童的兴趣和学习进度调整内容和难度，以更好地满足他们的学习需求。同时大部分的玩具书在普及大众的考虑，需要批量化生产才能控制成本，如何在批量化和定制化之中找到一个平衡点，的确是玩具书设计面对的考验和课题。

跨学科与综合性学习：未来的玩具书设计可能会更加注重跨学科学习，结合艺术、科学、数学等多个领域的知识，以全面促进儿童的认知发展和创造力培养。

第四节　虚拟

■ 一、虚拟现实应用与影响

科技的迅猛发展使得虚拟现实（VR）技术开始融入儿童玩具书的设计之中，为孩子们的学习和探索开辟了全新的领域。这种技术的应用不仅是设计上的一次革新，更是对儿童学习方式的一次重大变革。VR 技术通过构建一个模拟的三维环境，使用户能够以高度互动和沉浸式的方式体验和探索虚拟世界。在儿童书籍设计中，这项技术能够使书本内容变得生动，提供一种动态且吸引人的学习体验。

1. 玩具书设计的创新

将 VR 技术应用于儿童书籍设计，意味着将传统的阅读体验转变为一个多感官的互动过程。香港某书店推出的地球仪玩具书便是一个典型案例。孩子们可以通过扫描书中的二维码，进入一个立体的虚拟空间，其中地理信息巧妙地融入虚拟世界，让学习变得更加生动有趣。普通的地球仪只有地图的基本信息，这个玩具书产品可以呈现每个地点的生物、动物等多种信息，并且以动态的虚拟的景象出现。

2. 对儿童感知力的影响

研究显示，儿童具有极强的感知力，而VR技术正好能够充分利用这一特点。在虚拟环境中，孩子们可以通过视觉、听觉，甚至触觉（借助特殊设备）来感受和学习，这不仅加深了他们的认知体验，也促进了感知能力的发展。传统的儿童书从视觉的平面感受来获取信息，虚拟现实可以将儿童带入虚拟的空间去感受书内容的空间和信息，促进了儿童的感知力。

3. 对儿童世界观的塑造

VR技术使儿童能够接触更广阔的世界，从而拓展他们的视野和世界观。在虚拟环境中体验不同的文化、地理环境和历史事件，有助于儿童构建全面且多元的认知框架。

随着技术的不断进步，我们可以预见到更多创新的VR应用将在儿童书籍设计中涌现。然而，这也带来了新的挑战——如何平衡虚拟与现实体验、保护儿童视力健康，以及确保技术的普及性和安全性。

■ 二、虚拟技术提升体验

随着科技的飞速发展，虚拟技术如增强现实（AR）、虚拟现实（VR）以及触摸屏和声音技术已经逐渐融入儿童玩具书的设计之中，极大地丰富了传统阅读的模式和体验。这些前沿技术的应用不仅使玩具书变得更加生动有趣，而且为儿童打开了全新的学习大门，提供了多样化和互动性强的学习方式。通过将这些技术集成到玩具书中，儿童不仅能够通过视觉、听觉和触觉等多种感官进行学习，而且能够在一个更加互动和沉浸式的环境中探索和学习，从而激发他们的学习兴趣和探索欲。这种技术融合的教育工具，不仅提高了学习效率，还帮助儿童更好地理解和吸收知识，是现代教育技术发展的重要里程碑。

1. 增强现实（AR）的应用

增强现实（AR）技术，作为一种将数字信息与现实世界融合的技术，已经在儿童玩具书领域展现出巨大的潜力和创新性。通过在传统的纸质书或电子书上应用AR技术，儿童可以使用智能设备如平板电脑或智能手机，将静态的图像变为动态的、互动的三维场景。这种互动不仅使故事中的角色和场景跃然纸上，而且能够提供一种全新的学习体验，将儿童带入一个充满想象和探索的虚拟世界。通过AR技术，儿童可以看到一个静态的书页上的动物或人物如何移动和做出反应，甚至可以通过简单的手势与这些角色互动，如喂食、跳舞或进行简单的对话。此外，AR还能够为儿童提供实验和解谜的机会，通过互动活动加深他们对故事情节或教育内容的理解。

AR技术在玩具书中的应用，不仅限于增强视觉体验，它还能够结合声音、文字和触觉反馈，为儿童提供一个多感官的学习环境。例如，儿童在观察一个通过AR技术呈现的生态系统时，不仅可以看到各种动植物，还可以听到它们的声音，甚至接收到关于它们的详细信息和有趣事实，从而增强他们对自然世界的理解和兴趣。

除此之外，AR技术还支持个性化学习体验。根据儿童的年龄、兴趣和学习进度，玩具书可以提供不同层次的互动和教育内容，确保每个孩子都能从中获得适合自己的学习体验。

通过这种方式，AR 技术不仅提升了儿童的阅读和学习兴趣，还促进了他们创造力和想象力的发展。

2. 触摸屏和声音技术的整合

随着触摸屏技术的广泛应用，儿童玩具书的交互体验已经得到了显著的提升。触摸屏使得儿童能够通过直观的触摸和滑动动作与书籍内容进行互动，这种互动方式不仅符合当代儿童的技术使用习惯，也大大增加了他们的参与度和学习动力。儿童可以通过触摸屏幕上的对象来解锁新的故事情节、进行游戏或完成教育活动，这种参与方式使得学习过程变得更加生动和有趣。

同时，声音技术的整合进一步增强了玩具书的教育价值和吸引力。通过结合背景音乐、故事讲述和各种声音效果，玩具书能够为儿童创造一个丰富的听觉环境，帮助他们更好地理解和沉浸于故事之中。声音技术不仅可以提升故事的情感深度和氛围感，还能够支持语言学习。

触摸屏和声音技术的结合为儿童提供了一个多模态的学习平台，使他们可以同时利用视觉、听觉和触觉进行学习。这种多感官的学习方式不仅可以提高儿童的认知能力，还可以适应不同学习风格和需求的儿童。对于视觉学习者，触摸屏上的互动图像和动画可以提供直观的学习材料；对于听觉学习者，则可以通过故事讲述和声音效果来增强他们的学习体验。

3. 虚拟现实（VR）的探索

虚拟现实（VR）技术，以其独特的全沉浸式体验，正在逐步进入儿童玩具书领域，开启了一种全新的阅读和学习模式。VR 技术能够将儿童完全置于一个三维的虚拟世界之中，不仅仅是观看，而是亲身体验故事的每一个细节。这种沉浸式的体验能够极大地提高儿童的参与度和兴趣，使他们能够以全新的方式理解和吸收知识。在虚拟现实环境中，儿童可以通过头戴显示器和手持控制器与虚拟世界中的对象和角色进行互动。例如，他们可以在虚拟环境中走动、探索和解决问题，这不仅增强了故事的动态性，还促进了儿童的空间感知、逻辑思维和问题解决能力。此外，VR 技术还可以将复杂的概念和抽象的信息以直观和易于理解的方式呈现给儿童，有助于提高他们的学习效率和深度。

尽管 VR 技术在儿童玩具书中的应用仍处于初级阶段，但它已展现出巨大的教育潜力。通过 VR 技术，儿童不仅能够体验到科学实验、历史事件和远程地理位置，还能够以全新的视角理解和体验不同文化和生活方式。这种广泛的应用前景不仅可以丰富儿童的知识和经验，还可以培养他们的同理心和全球视野。然而，虽然 VR 技术提供了许多独特的优势，但在将其应用于儿童玩具书时，也需要考虑安全性和适宜性问题。为确保儿童在使用 VR 设备时的安全和舒适，开发者和教育者需要精心设计内容，确保它们适合儿童的年龄和发展水平，并且在使用过程中提供适当的指导和监督。

总的来说，虚拟现实技术为儿童玩具书带来了全新的教育可能性，将成为未来儿童学习和娱乐的重要趋势。随着技术的发展和应用的深化，我们期待看到更多创新和有益的 VR 玩具书，为儿童的成长和学习提供更多支持和启发。

■ 三、智能技术创新体验

人工智能（AI）技术与增强现实（AR）和虚拟现实（VR）技术相结合，正引领教育领域的一场创新革命。AI 技术的核心优势在于其学习能力、自适应性、交互性和强大的数据处理能力，这使得教育体验更为个性化、动态和互动。不同于 AR/VR 技术主要通过视觉和听觉的增强来提升用户体验，AI 技术通过理解和响应用户行为，提供定制化的学习内容和体验自然语言处理（NLP）。

在玩具书设计中，结合 AI 的智能分析与 AR/VR 的沉浸式体验，可以创造出前所未有的阅读环境。儿童不仅能够在一个富有吸引力的虚拟世界中进行探索，还能通过 AI 的辅助进行互动学习，使得每次阅读都成为一次新的探险。AI 技术使玩具书能够理解和适应儿童的阅读速度、偏好和理解能力，而 AR/VR 技术则在视觉和感官上为儿童提供了全新的探索方式。这种技术融合不仅加深了儿童的阅读理解，而且激发了他们的想象力和创造力。

通过利用 AI 的个性化学习路径与 AR/VR 的沉浸式体验，玩具书不仅转变为一种能够与儿童进行有效互动的工具，而且还能够提供一种全面而动态的学习方式。这种创新性的结合不仅为儿童提供了一个富有趣味性和教育价值的学习环境，也为教育者提供了一个强大的教学工具。

1. 自然语言处理（NLP）

自然语言处理（NLP）是人工智能的一个重要分支，它使机器能够理解和解释人类的语言。在玩具书设计中，通过集成 NLP 技术，我们能够创造出能与孩子们进行交流的书籍。这种交流不仅限于简单的命令识别，还可以达到更深层次的对话和故事叙述，从而极大地提高书籍的互动性和吸引力。集成了语音识别功能的玩具书允许孩子们用自己的声音与书籍进行互动。孩子们可以向书籍提问、讲述故事或者命令书籍翻页，而书籍能够理解这些指令并做出相应的反应。这种互动不仅增加了阅读的趣味性，也鼓励孩子们积极参与阅读过程，提高了他们的语言技能和自信心。

NLP 技术可以使玩具书适应不同年龄段孩子的阅读能力。例如，对于年幼的孩子，玩具书可以使用更简单的词汇和句子；而对于年长的孩子，则可以使用更复杂的语言结构和词汇。此外，NLP 还可以帮助玩具书识别孩子的阅读习惯和偏好，从而适时调整故事内容和难度，以匹配孩子的阅读水平和兴趣点。

此外，NLP 技术的应用还可以使玩具书能够提供反馈和指导。例如，如果孩子在阅读时遇到困难，玩具书可以提供提示或解释，帮助他们理解故事内容。同时，这种技术还可以使玩具书能够记录孩子的阅读进度和习惯，为家长或教师提供有关孩子阅读行为的有用信息。

2. 机器学习和数据分析

机器学习和数据分析是推动个性化学习体验的关键技术。在玩具书的设计和实现中，这些技术的应用能够极大地提升教育内容的个性化水平和互动性。通过分析孩子们的阅读习惯、偏好和互动数据，玩具书可以不断适应并优化其内容，从而为每个孩子提供量身定制的阅读体验。利用机器学习算法，玩具书能够识别和记录孩子的阅读行为，比如他们喜欢的故事类型、阅读速度以及在阅读过程中的互动频率。这些数据随后可以被用来调整故事的内容和难度，确保它们符合孩子的阅读能力和兴趣。如果一个孩子特别喜欢冒险故事，玩具书可以推荐更多此类故事；如果一个孩子在理解某个概念上遇到困难，玩具书可以提供额外的解释或者练习。

通过数据分析，玩具书还可以监测孩子的学习进展，帮助家长和教师了解孩子的阅读和学习状况。这不仅有助于发现孩子在学习上的潜在难题，还可以帮助成人更好地支持孩子的教育发展。此外，数据分析结果还可以用来进一步优化玩具书的设计，使其更加符合用户的需求和偏好。机器学习和数据分析还使玩具书能够实现动态内容更新。基于孩子的反馈和互动，玩具书可以不断更新和调整故事线和活动，保持内容的新鲜感和吸引力。这种动态更新不仅使学习内容保持当前和相关，还鼓励孩子们继续探索和学习，从而提高了学习的动力和效率。

3. 情感识别

情感识别技术代表了人工智能领域的一大突破，尤其是在儿童教育和互动玩具书的设计中。该技术使玩具书不仅能够理解孩子的语言，还能够识别和响应孩子的情绪状态，创造一个更加互动和富有同理心的学习环境。通过集成面部表情识别、声音分析和生理信号处理等多种情感识别技术，玩具书能够实时监测孩子的情绪变化。例如，当玩具书检测到孩子感到沮丧或挫败时，它可以自动调整故事的走向或提供鼓励性的反馈，以提升孩子的情绪和自信心。同样，当玩具书感知到孩子高兴或兴奋时，它可以增加故事中的互动元素或挑战，以保持孩子的兴趣和参与度。

情感识别技术还可以帮助玩具书更好地适应孩子的个性和情感需求。通过理解孩子的情感反应，玩具书可以提供更加个性化的教育内容，确保学习经历既有意义又令人愉快。此外，这种技术还可以为家长和教师提供宝贵的反馈，帮助他们理解孩子的情绪波动和学习障碍，从而更有效地支持孩子的发展。

情感识别不仅提高了玩具书的互动性和教育价值，还强化了孩子与书本之间的情感联系。这种深层次的互动有助于培养孩子的同理心和社交技能，同时提供一个支持和理解孩子情感的安全环境。随着技术的进步和应用的深入，情感识别将继续改变儿童教育的面貌，使学习成为一种更加个性化和富有感情的体验。这也是技术领域中创新的部分，令玩具书具有情感的识别的体验，赋予情感的玩具书也是具有温度的玩具书。

虽然技术的融入为玩具书设计带来了新的机遇，但也带来了挑战。设计者需要考虑如何平衡技术和教育内容、确保技术的易用性和安全性。同时，设计者还需思考如何有效地结合传统书籍的优点与新技术的特性，创造出既传统又现代的儿童玩具书。技术的融入显著提升了玩具书的交互体验。通过运用 AR、VR、人工智能等技术，儿童的学习变得更加生动和有效。尽管面临挑战，但技术的融入无疑为儿童玩具书的设计和发展开辟了新的道路。

第五节 案例分析

　　国内的幼儿出版仍处于比较传统的状态，出于市场赢利的角度为先，很少花费大量的金钱和时间去研制产品，而且对于成本过高的幼儿书的出版都会限制。据调查，大部分是引进国外的畅销的幼儿书，这种方式可以降低成本。而在日本市场的景象有所不同。松居直在接受采访的时候说，单从他个人经验来说，福音馆已经做了40年的少儿出版，我们是真正地从儿童心理来考虑，努力让孩子从书里得到真正的乐趣，我认为这样的出版社在日本还是比较多的。出版好的儿童读物，要靠编辑建立起读者和作者之间的沟通。编辑必须有一些超前的想法，再把想法交给一个合适的作家去完成。策划完成一本书的过程中，编辑要充分地了解儿童的想法和意见，并及时地反映到作家那里去，同时考虑到把作家想告诉儿童的东西，以什么恰当的方式告诉儿童。

案例 1
《小熊好忙——Pizza Time》

主要内容：

熊熊系列操作书，句型非常短，而且有重点单词。是本操作简单、图像可爱的玩具书。小熊今天是做比萨的大厨，做比萨可真是太有趣啦！擀面、切菜、放配菜、进烤炉……快来帮帮忙碌的小熊。

设计亮点：

它是一套游戏操作书，除了主角是一只憨厚可爱的小熊之外，吸引宝宝的就是书里的各种精心设计的互动小机关了，连封面都可以玩。每本书多达 5 个操作机关，每种机关的活动方式也不一样，但动作都很简单，宝宝想办法用小手推一推、拉一拉、转一转、滑一滑，去发现那些意想不到的惊喜。

案例 2
《哇，一起做比萨》

主要内容：

互动绘本游戏套组，故事捕捉了孩子常见的生理状态和心理需求：好想吃比萨，以及渴望与同学分享快乐的心情。呈现家长为孩子做出好吃比萨的心路历程，还有释放出对孩子源源不绝的爱。

赶快陪伴孩子一起做出专属于你们家庭独一无二的比萨吧！

设计亮点：

绘本内页有非常丰富的情境连环图和故事细节供孩子阅读，也有妈妈制作比萨时会遇到的种种困难和解决步骤。附赠 6 张比萨游戏纸卡，可让孩子发挥想象力、自由彩绘、拼贴和游戏，DIY 出专属于自己的创意比萨。包装就是比萨盒，非常吸引孩子目光，全家人都能享受这套充满创意、活泼且生动有趣的互动绘本。

案例 3
《嗨，比萨！》

主要内容：

你是怎么吃比萨的？什么，你不知道？哦，来吧，看看喜欢吃比萨的乔恩·伯格曼在这本"美味"书里是怎么做的！他首先要选择一块比萨。然后等这块大比萨片晾凉了，他会在上头撒上一点儿辣椒面，或者再放一片罗勒叶。结果那块大比萨片强烈反对，它可不想被吃掉。它建议乔恩去吃别的比萨片或者其他各种口味的比萨。为了不被吃掉，比萨们绞尽脑汁、出谋划策……后乔恩真的改主意了，他决定连比萨和比萨的朋友们——水果和蔬菜一起吃掉！

设计亮点：

这是一套想象力爆棚、幽默好玩的互动绘本，包括《啪叽！》和《嗨，比萨！》两册。书中以孩子们喜欢吃的派、三明治、比萨等食物为主角，通过脑洞大开的互动情节、无拘无束的涂鸦画风和幽默逗趣的语言，来让孩子们主动沉浸在欢乐热闹的互动阅读中，从而激发他们的观察力、想象力和创造力。

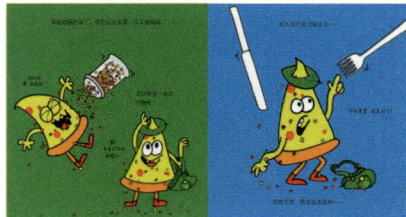

案例 4
《我妈妈的手提包》

主要内容：

当一个和妈妈的手提包几乎一模一样的包包放到孩子面前，他们会怎么样？快来动手翻一翻《我妈妈的手提包》，7 个夹层，每个夹层装有不同的物品，可以打开、转动、抠抠或者摸摸。第一个夹层有妈妈的心爱之物，看到妈妈小时候和宝宝小时候的照片了吗？第二个夹层装有妈妈的工作用品：手提电脑、计算器、闹钟、记事本等。手提电脑可以打开，嗒嗒嗒嗒，来模仿妈妈打字。翻开妈妈的记事本，上面列了满满的工作计划，读记事本就像在读一本小书。计算器上有好长一串数字，试试看能读出来吗？……全书超过 100 个互动设计，试试看，能发现更多妈妈的秘密吗？

案例 5
《啪叽！》

主要内容：

这本书中的每一页上。孩子们每翻开一页时，会期待听到"啪叽！"声。《啪叽！》是一本幽默好玩的书，以书的物理边界作为对象进行实验，鼓励互动和想象力。

设计亮点：

幽默逗趣、脑洞大开的互动游戏绘本，培养孩子的观察力、想象力和创造力。英国有名涂鸦大师乔恩·伯格曼童书代表作，色彩鲜艳、形象逗趣、线条无拘无束，潜移默化给孩子艺术启蒙，同时培养幽默感。故事讲述方式新颖独特，旁白和角色对话交织出现，众声喧哗、欢乐热闹的故事氛围，激发孩子认真观察画面，发挥想象地讲述情节，提升其理解力和表达力。

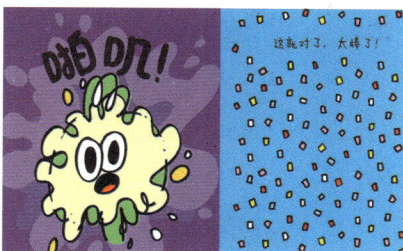

案例 6
《数学比萨》

主要内容：

这是一本充满乐趣的书，一本充满游戏、任务和主题的书，它以一种不同于学校教科书的形式教小读者学会数学的思维方式。这本书也是一条通往逻辑世界的路，带领小读者探访科学女王的宫殿，在那里的数学大师将为读者烹制一场数学盛宴。作者安娜·路德维希卡，是一名数学家和平面设计师。她创作了这本充满趣味和神奇任务的数学书，使每个阅读这本书的孩子都能发现，数学不仅可以是有趣的游戏，还可以是门艺术。

设计亮点：

小读者在这里可以学会画二叉树、用骰子作画、设计数学地毯、带着蜗牛行走在莫比乌斯环上，还有机会画一画不可能图形，以及尝试如何公平地切分比萨。

案例 7
《How to Find Flower Fairies》

主要内容：

通过这本壮观的新奇书继续冒险，书的每一页都解开了仙女称之为家的神奇地方背后的秘密。5 个令人瞠目结舌的跨页包括错综复杂的花草树木三维弹出图像，这些图像神奇地打开，揭示了仙女的秘密家园。掀起襟翼、小册子、地图等，在每一页上提供互动乐趣，最终在跨页中带来惊喜。

设计亮点：

每一页都有翻盖、小册子、地图和其他玩具等互动元素，最后一个页面还有一个令人震撼的惊喜。

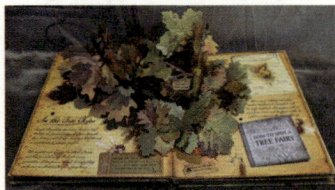

案例 8
《世界经典立体书珍藏版·绿野仙踪》

主要内容：

本书是"十部世界最伟大的儿童文学作品"之一，立体书界的"奥斯卡""梅根多佛奖"获奖作品，由世界立体书大王罗伯特·萨布达纸艺设计，《绿野仙踪》原著问世 100 周年立体珍藏版。

设计亮点：

精致巧妙的机关让小朋友"浸入式"体验冒险的乐趣！翻开书，读一读，看看冒险之旅的精彩趣事。

案例 9
《大森林》

主要内容：

本书旨在教育儿童关于自然界和环境保护的书籍。书中通过立体设计生动地介绍了森林生态系统及其组成。

设计亮点：

书页设计有各种精致的立体弹出结构，孩子翻页时可以看到树木、动物或者整个森林生态场景"跃出"纸面。使用生动的色彩和精美的插图来展现森林的美丽和生物多样性。

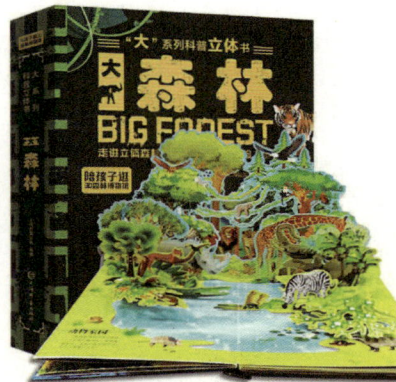
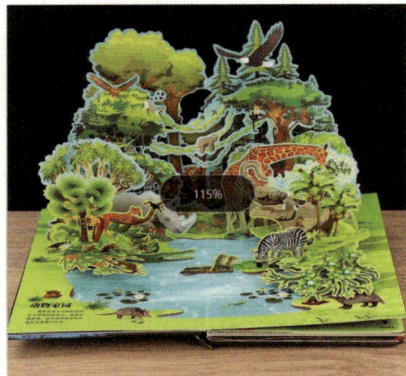

案例 10
《Kiki 猫成长记》

主要内容：

本书共 5 大主题 25 个故事，健康安全篇——让孩子学会自我保护，动手体验篇——让孩子学会独立生活，人际交往篇——让孩子学会与人相处，快乐生活篇——让孩子拥有幸福力，创想求知篇——让孩子拥有创造力。每本书都提供一个真实情境，抓住 2～6 岁成长敏感期，帮助孩子演练生活技能，通向更好的自己。

设计亮点：

书中故事不但贴近小朋友的日常生活，而且每本书步骤感也超强，非常适合小朋友们进行实践演练！

案例 11
《吃饭饭》

主要内容：

这本书介绍了各种蔬菜和水果等常见的食物，左侧大翻页下面是这些食物的生产和成长过程。另外每一页还有对同类食物的拓展认知，包括食物的搭配、料理、内部构造，能够帮助宝宝认识各种食材，揭秘神奇的大自然。宝宝可以通过转盘选择自己喜欢吃的食物，增强互动性，引导宝宝动手动脑。

设计亮点：

翻开书，宝宝看到的都是自己熟悉的事物，会有一种亲切感，愿意继续翻下去。

案例 12
《The Journey》

主要内容：

这书中的第一个元素是一只彩色的弹出式小鸟，当打开第一页时，它就会升起。这只鸟代表着自由和我们实现目标的能力。

跟随这只鸟，在手风琴页面内，还有一条蛇穿过四棵树。每棵树都代表生命的四个季节之一（夏季、秋季、冬季和春季）。蛇象征着我们在生命中各个不同的阶段（或季节）所面临的挑战。

作者想通过这本书来展现生命的奇妙旅程，表达生活的阴暗面和光明面都很重要，因为它们让我们变得更加聪明、更加坚强。

设计亮点：

小巧精致，故事寓意好。

案例 13
《Birds》

主要内容：
　　这本森林主题的隧道书展现了一个充满动物、人和植物的世界。

设计亮点：
　　颜色鲜艳，书本形式吸引人。

案例 14
《LuTins》

主要内容：
　　冬天结束时，所有的精灵聚在一起看冰是否融化了，小溪里的水是否又开始流动了。冬季景观以三个维度展开，我们遇到了小树林的精灵、森林的精灵和冷杉的精灵。每个人都在奔跑庆祝冬天的结束。7 个非常不同的动画场景由精致的图形结合在一起。

设计亮点：
　　立体结构巧妙丰富，色调高级。

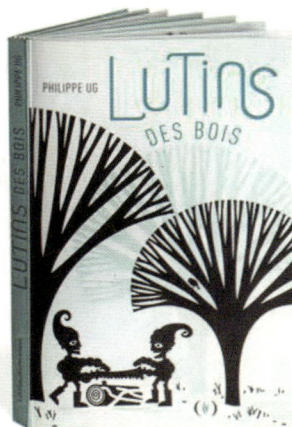

案例 15
《Plant》

主要内容：
　　这是一个精致的剪纸树木礼盒，打开它的时候树仿佛也随风而动起来。

设计亮点：
　　立体结构巧妙，外壳坚固，收藏价值高。

案例 16
《魔法森林》

主要内容：

　　一面镜子，有几扇门，每一扇门都由森林的树干和树枝组成。湖面因蕾丝编织而闪闪发光。——拉开百叶窗，远处有一座古堡的湖（镜）出现。

设计亮点：

　　功能性强，装饰美观。

案例 17
《改变的故事》

主要内容：

　　打开书感觉就像穿越进入了一个充满耳语和神秘藏身之处的空间，每一口小井都经过精雕细琢，周围环绕着详细的图画网络，形成了格林兄弟风格的空间。

设计亮点：

　　绘画技法高，制作精良。

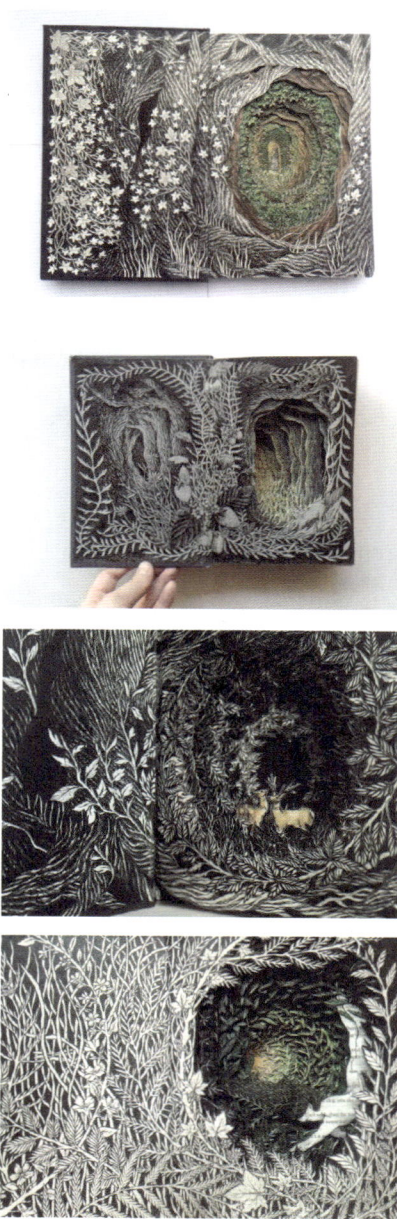

案例 18
《Triptych》

主要内容：

　　暮光之狐与它在月光下的梦。

设计亮点：

　　油画作品，款式经典。

案例 19

《二十四只黑画眉》

主要内容：

　　本书源自鹅妈妈童谣，童谣中包含了许多血腥、残酷的句子，这主要是由于鹅妈妈童谣当时黑暗的时代背景。

设计亮点：

　　立体结构亮眼，颜色冲击力强。

案例 20

《拇指姑娘》

主要内容：

　　安徒生童话故事《拇指姑娘》中有一位老婆婆非常渴望有一个美丽的孩子，巫婆帮助她实现了这个愿望，让她得到了漂亮、善良的拇指姑娘。可有一天，拇指姑娘被一只癞蛤蟆偷走了，从此，她开始了惊险、梦幻般的旅程。

设计亮点：

　　立体结构亮眼，表现力强。

案例 21

《African proverb》

主要内容：

　　非洲谚语。这本书长约 3 英寸，旨在作为项链佩戴到心脏，蛇形是西非智慧的象征。

设计亮点：

　　小巧精致，收藏价值高。

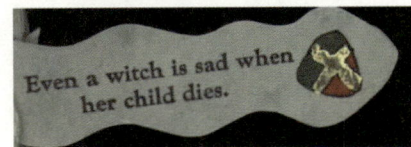

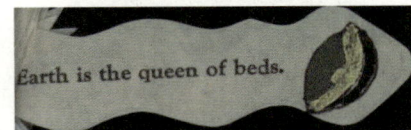

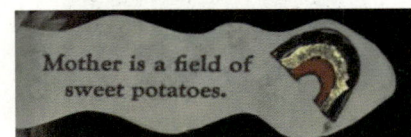

案例 22

《Happy Birthday》

主要内容：

一个带有生日纪念场景的爆炸盒。

设计亮点：

小巧精致，内容丰富，表现力强。

案例 23

《巴尔托》

主要内容：

一本小巧的旋转木马书，全书包括了6首小诗。

设计亮点：

小巧精致，色彩清爽，层次感强。

案例 24

《漫游太空立体书》

主要内容：

1. 25 个互动设计，每页至少有一个立体效果，并具备翻翻页、拉页等机关，能吸引孩子的阅读兴趣。

2. 善用转盘、翻翻页、长尺拉页等方式解说天文知识，使孩子易于理解，激发孩子对太空的好奇心。

3. 包含太阳系、星系、太空探索的介绍，资料详尽丰富，说明清晰。

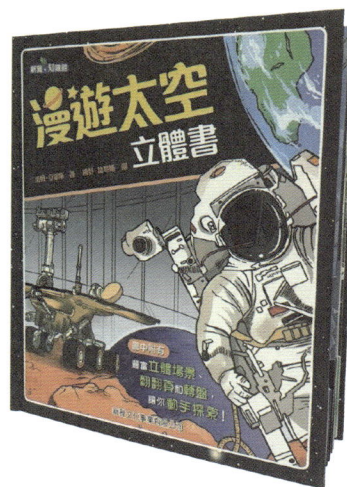

案例 25
《天气立体书》

主要内容：

从喧闹的波涛汹涌的大海到令人欣喜的生动彩虹，在这本奇妙的新立体书中，天气中最激动人心的时刻都变成了辉煌的生活。

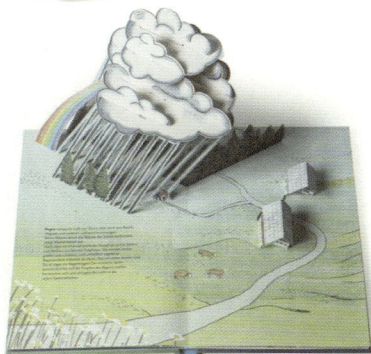

案例 26
《从种子到植物》

主要内容：

非小说大师盖尔·吉本斯（Gail Gibbons）用简单的语言和明亮的插图向年轻读者介绍了授粉、种子形成和发芽的过程。重要的词汇通过易于理解的解释和丰富多彩、清晰的图表得到加强，这些图表显示了植物的各个部分、种类繁多的种子以及它们的生长方式。

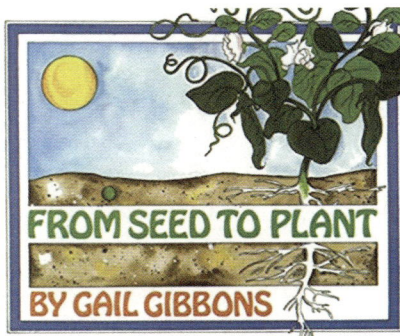

案例 27
《打开圆明园》

主要内容：

12 开的立体书复原了圆明园著名的九大景观，不仅是孩子，也能让成人真实地感受到中国园林之最的盛世景观。它不像一般的立体书，它是前后翻页，打开颇费了一番功夫（幸好随书赠送了一张说明图解，会教你如何正确地打开），全部打开后如下图所示，占地大约 2 平方米。

案例 28
《地球立体书》

主要内容：

　　一本书从宇宙诞生讲起，涉及太阳系、地球等，以及地球上的森林、海洋、沙漠、山川、河流等各种自然环境。

　　超过 200 个知识点，包含地理、生物、天文等多学科的知识，从小培养孩子跨学科的联想和认识。

　　其次，它很有趣。全书有超过 80 个互动机关，孩子的小手翻一翻、拉一拉，就能看到一个神奇的世界。

　　看，转动齿轮就能看到月相的变化过程，这样生动，孩子也更会明白古诗里的那句"月有阴晴圆缺"。

案例 29
《我们的新年》

主要内容：

　　有人说年味越来越淡，小时候不少传统习俗都消失不见了，现在的孩子很难体会到当年的过年氛围。这套书不仅能让孩子在家里也可以感受浓浓的年味，它还是一套超级赞的新年礼物，让孩子在翻一翻、拉一拉、放一放、猜一猜、贴一贴中，能够了解到中国大江南北不同的过年习俗。

案例 30
《海底世界》

主要内容：

　　俄罗斯设计师 Maria Chernakova 将弹出式卡片的创意应用到了立体书中，无论是创意，还是视觉感官，都非常舒适！

案例 31
《楼梯》

主要内容：

　　设计师 Brette Guilmette 从贺卡中找到了灵感，尝试将它以一种更具艺术的方式制作成一套摩洛哥建筑风格卡片。

案例 32
《大唐长安》

主要内容：

　　唐代都城长安是当时世界上最繁华的城市。如何将这座当时世界上最大的城市浓缩在一本只有 7 个跨页的书中？如何让读者在一本书里"一日看尽长安花"？大型场景立体书《大唐长安》用 400 多个大小纸艺零件的组合在一定程度上满足了我们的这种好奇！历时三载才出版的这本书到底是什么样子？走进《大唐长安》，领略盛世大唐的荣耀与风华。

　　这是一套由专业的纸艺团队和插画团队，历时 3 年呕心沥血打造的长安城立体书。巨大开本，270° 全景视觉，环绕式多重建筑结构，绚丽壮观，宛如一场长安幻梦。

　　400+ 纸艺零件，规模之复杂，堪称罕见。你会看到朱雀大街贯穿南北，108 坊栩栩如生。从骆驼商人、酒肆胡姬，到唐朝皇帝、文武百官、僧侣、诗人……形态各异，包罗万象。

设计亮点：

　　阅读从二维转向三维，让阅读变得更直观，它是一种纯手工艺的制品，和传统的纯内容文字的图书比起来，它可能更有收藏价值。

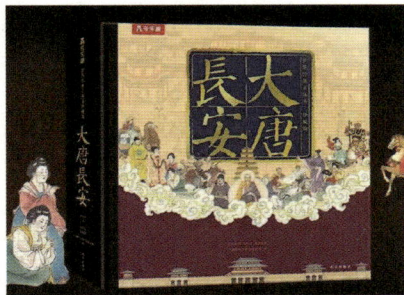

案例 33
《我和你》

主要内容：

　　这是一本用甲骨文画出来的"小人书"，一本充满童心的趣味立体书，每一页都有好玩的立体场景，读者可以通过拉一拉、翻一翻的形式在书中完成一场精彩的文字探险。在乐乐趣原创绘本立体书《我和你》中，作者将个人独特的插画创意和纸艺设计，与甲骨文故事相结合，给读者带来不一样的阅读体验。

案例 34
《点赞中国》

主要内容：

这本书很妙的地方在于，它采用了互动和讲解的形式，很吸引孩子，让他们由被动接受变为主动探索。比如讲"空间交会对接"的概念，孩子可能听新闻会觉得抽象，书中用立体机关，模拟了"天宫一号"和"天宫二号"自动对接的过程，把航天知识放在眼前来感受。

案例 35
《地书》

主要内容：

"地书"是至今仍然在不断生长的项目。2016 年《地书》发展成了立体书，基本囊括了所有立体书的表现手法，如翻翻、转盘、拉杆、轴杆等，标识符号与立体结构巧妙的结合反映出更强大的互动性和可读性，使这本世人都能读的书变得更加奇妙有趣。在纸质书籍没落的局面下承载着原始的阅读功能，寄托着人们对于翻动书页的情感体验，更成为一种综合的艺术展现形式。在今天高科技与艺术结合的潮流中，徐冰却反向地寻找原始的、低科技艺术表达的魅力。

案例 36
《海洋上下》

主要内容：

红色的海洋号出发了，从印度洋到大西洋、北冰洋、太平洋，大海和天空随着旅程一直在变化着，天气也一样令人捉摸不定。那么，海面下又是什么景象呢？你会惊奇地发现，海底和海面上是两个不同的世界。

案例 37
《POP-UP TOKYO》

主要内容：

融合彩色漫画，立体讲述东京 6 个经典景点：浅草、秋叶原、新宿站、晴空塔等，立体场景互动。

设计亮点：

漫画故事结合立体书，沉浸式体验。

案例 38
《我们的城市》

主要内容：

通过一系列风格化连续场景，描绘一个聚居点如何从一栋房子发展成一座城市，书中设置窗口，每一页都将对前一页覆盖讲述，但又有连续性。

案例 39
《MY FIRST BOOK 食物篇》

主要内容：

这是一本带给孩子实际生活体验的书，穿鞋带，编辫子，扣扣子，找形状，对数字，学颜色……应有尽有！布书一出版就马上风靡了国内外妈妈圈和早教界。它是一本可以立刻让小孩安静下来的书，它按照蒙台梭利理论中一岁半至 6 岁幼儿的发展需要，由国内外蒙台梭利早教专家精心设计，让儿童能在愉快气氛下学习锻炼手部功能，掌握小肌肉的灵活运用，可以有效提升小朋友口眼协调能力和专注力，对日后执笔写字能力和自我照顾方面也会有显著的帮助。

案例 40
《The city park 城市花园》

主要内容：

　　梅根多夫的活动书在体裁和技术上的第一个创新，是运用了复杂的机械式结构原理。通过一个拉手的拉动，带动一系列复杂的结构联动，让页面上的形象表现出栩栩如生的动作来。流畅的画面、复杂的结构和创新的表现形式，立刻和他久负盛名的幽默插画和韵律诗一样广受好评。

案例 41
《石头公主》

主要内容：

　　石头公主的探险故事，利用光影与故事参数互动。

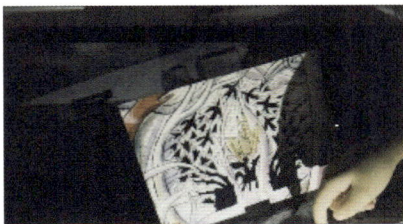

案例 42
《Maisy's House》

主要内容：

　　英国知名绘本作家 Lucy Cousins 于 1990 年创造了小鼠波波 (Maisy)，这是一只充满好奇心、活力十足的小老鼠。从 1990 年创作波波开始，在近 9 年的时间中，只出版了 8 本书，真可谓慢工出细活。个中原因是 Lucy Cousins 在这 9 年中亲手养育了 4 个孩子，这 4 个孩子带给她许多创作灵感，而她也从孩子身上了解孩子看世界的方法。

设计亮点：

　　由于切身的育儿经验，Lucy Cousins 比别人更了解幼儿在生理及心理方面的需求，这些也反映在她的创作中，因此她的作品能吸引幼儿的注意力，使幼儿深深着迷。

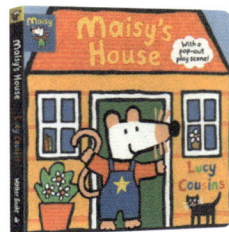

案例 43
《ivi 游戏毯》

主要内容：

模拟城市道路环境的游戏毯。

案例 44
《好多好多交通工具》

主要内容：

四季和交通工具有什么密不可分的联系？这不仅仅止于一本认知交通工具的玩具书，而是突破性地将四季变化与交通工具的用途相结合，利用翻翻机关与超大全景立体场景展示出来，激发孩子自主阅读的兴趣。

设计亮点：

随书附赠 10 个 DIY 交通模型，让孩子在立体交通网中感受自由驾驶的乐趣，立体中的小彩蛋可以帮助孩子复习前文阅读到的汽车功能。

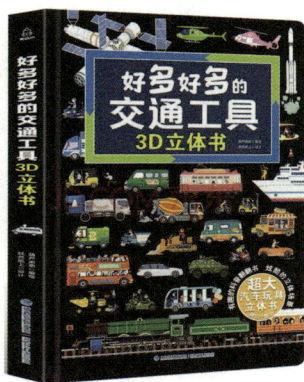

案例 45
《鳄鱼先生立体农场》

主要内容：

通过打造四个不一样的立体场景，让孩子在玩耍中体验规则和养成良好习惯。

设计亮点：

1. 中英双语。

2. 立体书与翻翻书结合，乐趣多多。

3. 多种材料碰撞，带来不一样的触觉体验。

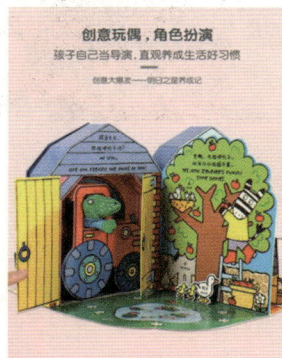

案例 46
《出去玩吧》

主要内容：

通过书本给孩子介绍日常生活里的事物、行为以及培养良好的习惯。

设计亮点：

1. 中英双语。
2. 色彩丰富，触感多样。
3. 设计合理，简单易懂。

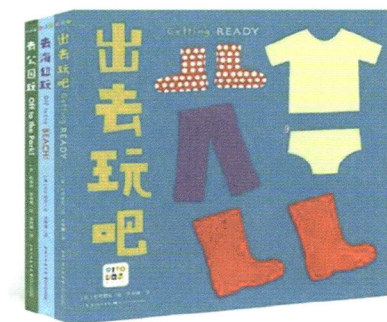

案例 47
《我自己来》

主要内容：

有一个孩子什么都说：我自己来。

设计亮点：

1. 中英双语。
2. 立体书与翻翻书结合，乐趣多多。

案例 48
《小狗帕比》

主要内容：

拿起手偶，呦呦就会凑过来跟帕比蹭蹭鼻子；给出指示，孩子也会跟帕比握握手；有时会自己翻翻。耐心听完帕比的故事。

案例 49
《啊！艺术》

主要内容：

　　这一系列的书是讲述一些艺术形式是如何诞生的？比如电影的由来、歌剧、名画。其中这本讲述的就是曾经一些辉煌的建筑艺术。这本书的名字叫《啊！艺术》。它是一个胶片的游戏书，也是寻找人物解锁新场景的玩具书，是 13 个艺术领域（绘画、雕塑、建筑、音乐、舞蹈、戏剧、电影、设计、传统工艺、摄影、漫画、广告、魔术）的艺术知识和机关集合的入门级艺术启蒙绘本。

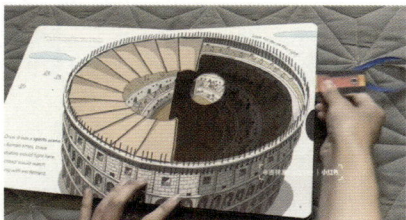

案例 50
《这不是书》

主要内容：

　　这本不同寻常的纸板书并不是要讲一个故事。它强调互动，强调以一种新的角度看待事物。作者想为孩子带来的，是一种延伸到书本之外的思维方式。它激发孩子探索周围世界的形状，鼓励思考条框之外的东西，并且能够培养他们解决问题的能力。

案例 51
《CHAT NOIR 法国黑猫》

主要内容：

　　一只黑猫的生活习性。

设计亮点：

　　利用立体书结构，让平面的小猫活动起来，并让孩子可以学习猫咪生活习性知识。

案例 52
《The visitor》

主要内容：

本书讲述了一个孩子造访独居老人的故事。

设计亮点：

利用可移动的黄色胶片，形成可交互的光影感。

案例 53
《My First Book》

主要内容：

MYFIRSTBOOK 布书基于 MONTESSORIMY FIRST 基本教育理论"发展智力需要透过双手"，针对婴幼儿在不同的年龄阶段、不同的感官敏感期，全新开发以及设计出符合蒙台梭利教义原则与要求的婴儿早教益智布书系列产品。

案例 54
《小熊的一天》

主要内容：

通过小熊、熊妈、熊爸、宠物狗等角色在不同场景里玩过家家，让孩子认识到不同房间的不同功能。并利用一些简单的布艺小机关教会孩子一些简单的生活技能，开启孩子对自己生活的探索欲望。

案例 55
《那些重要的探险之旅》

主要内容：

动态还原探险家的航行路线，每一个途经之地均显示文字说明，详细记录探险家的每一段惊心动魄的探险经历。

设计亮点：

探险家的交通工具均可放大、旋转，满满的参与感与互动感！非洲、欧洲、南美洲、中美洲、北美洲、大洋洲、南北极的环球航行，一本书就能带你走遍世界！"复活" 33 位世界探险家，记录他们伟大的生平事迹和贡献，书中设置一条条时间轴，贯通每一块土地被探索的历程。

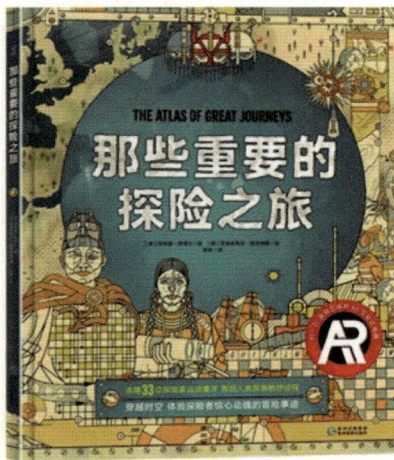

案例 56
《忙忙碌碌镇》

主要内容：

在忙忙碌碌镇中，善良可爱的动物居民们过着快乐而忙碌的生活。作者通过一个充满童话色彩的小镇，介绍了日常生活的方方面面，比如农场的工作、消防员救火、坐火车旅行、修建一条新路、树木的利用等。

设计亮点：

书中介绍了各种各样的职业，涵盖的信息非常丰富，对孩子了解社会生活有着良好的引导作用。同时，妙趣横生的故事情节，大量隐藏着的图画信息，可以让孩子长时间地投入阅读和观察，从新的发现中获得快乐的体验。

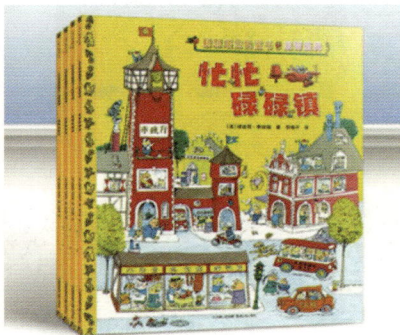

案例 57
《穿一穿真开心》

主要内容：

这是一本多功能益智启蒙玩具书。通过这本书，小朋友可以认识形状、颜色和动物。书中的形状和动物名称都使用中英双语表示。而且，所有的形状和小动物卡片都可以取下来。在形状卡片上有一个大孔，在动物卡片上有一大、一小两个孔，书中还配有一根绳子，可以让小朋友将这些形状和动物穿起来，在游戏中锻炼手部的小肌肉发育。

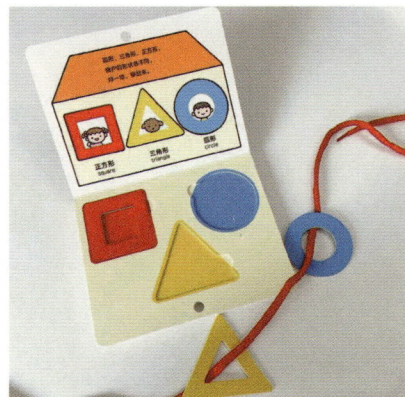

案例 58
《过年啦！》

主要内容：

春节是中国人很看重的一个传统节日，多种多样的传统习俗给春节增添了浓浓的年味。可是，像贴对联、做年饭、放鞭炮等大部分环节孩子们都无法参与，无法体会到这些习俗的意义，传统往往流于形式。而这本书通过多种互动游戏加简洁文字，让孩子也能参与到各种过年习俗中来，从中得到快乐，更理解其中的文化与意义。

设计亮点：

以传统文化节日为主题，其中穿插着许多有代入感的小机关，让人感受到满满的年味。

案例 59
《我好像看到了一只恐龙》

主要内容：

当小朋友在家看到一只庞然大物，长长的尾巴、小小的脑袋，说不定就看到恐龙了。他们会喜欢加入这场捉迷藏的游戏，当他们移动滑块的时候，发现恐龙藏在每个场景中。它在沙发后面吗？它在淋浴吗？只要按下滑块就可以发现了！恐龙的行为让家里的小猫好像不那么愉快呢，快来看看它的表情吧！

设计亮点：

画风可爱简约，颜色鲜艳，主题与儿童有互动性，可以让儿童在玩乐的同时能感受色彩与有趣的造型。

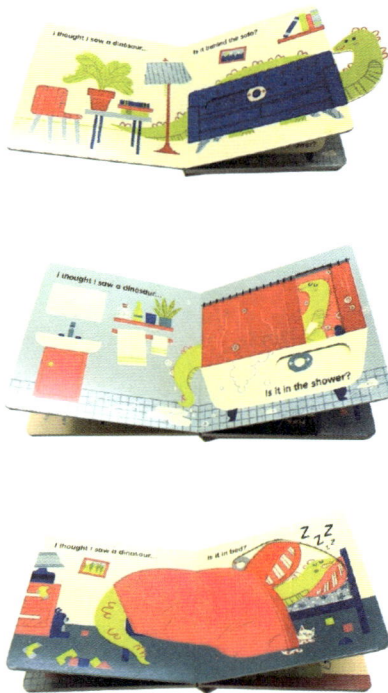

案例 60
《葛飾北斎雀踊り》

主要内容：

这是一本创新性的书，以前所未有的方式表达了三维世界。当您打开一本书绘制圆圈时，闪烁中的三维图案出现。一系列精致设计的页面邀请您看到从二维到三维的世界。

设计亮点：

画面形式比较新颖，能给人不同的观感，细节丰富，有艺术性，也具有一定的收藏价值。

案例 61
《我们的新年》

主要内容：

　　《我们的新年》是一本集观赏体验、听书阅读、趣味点读、互动游戏、收藏展示为一体的中国原创360° 全景立体过年绘本，也是一本玩具礼品书。本书按照中国东、西、南、北的地理位置划分，以360° 3D立体全景形式，精准地分别呈现东西南北各地各具特色的过年场景，使读者一目了然。同时，每个过年场景中，都对应有一个二维码，扫一扫，就可听到动听的童声对各地的过年风俗一一进行生动有趣的解说，帮助读者具体详细地了解中国各地的传统过年文化。除了扫码听书，本书还具有点读功能，丰富的人物对话让读者沉浸其中。此外，书中还设计了多个活动部件和机关，将动手、游戏和阅读结合，体验式阅读让孩子参与其中，亲身感受浓浓的年味儿和过年的乐趣。

设计亮点：

　　图文并茂和巧妙创意中展示中国东西南北各地令人难忘的过年习俗，让孩子领略灿烂多彩的年文化，让孩子爱上阅读。

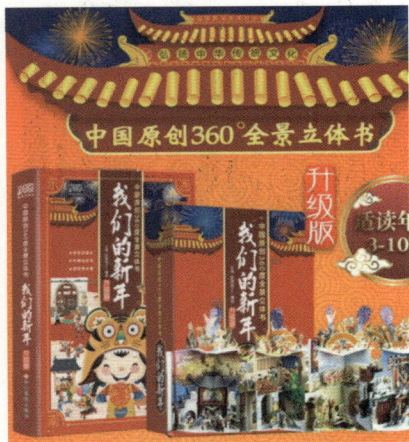

案例 62
《我的情绪小怪兽》

主要内容：

　　孩子们，你们知道情绪是什么吗？看不见摸不着吗？不，情绪是一只有各种颜色的小怪兽，它快乐时想笑，忧伤时想哭，生气时像一只燃烧的小火球……不同的颜色，不同的形状，不同的感受……

设计亮点：

　　《我的情绪小怪兽》是一本设计精巧的绘本，顾名思义，它的内容是围绕着"情绪"这难以用言语描述的一系列主观认知经验的主题展开的，有利于提高孩子感知情绪的能力。

案例 63
《鼹鼠做裤子》

主要内容：

　　本套书共 10 册，讲述了鼹鼠和他的动物朋友之间的趣事儿。小鼹鼠总是忽闪着圆溜溜的大眼睛，发出咯咯咯的笑声。他时而是小裁缝、小工匠，时而又变身为小园丁、小画家。他天生胆小，却对周围的一切充满了好奇；他聪颖善良，总能想出很多的好点子帮助动物朋友们。

设计亮点：

　　画风有趣，具有一定的故事性，在故事里给孩子传播正能量的知识，大到友情和爱情，细小至画面上的一草一木。

案例 64
《大闹天宫》

主要内容：

《大闹天宫》由散文家袁秋乡女士重新改编，更口语化，有更多的人物对话，非常适合父母讲给孩子听，分分钟变身故事大王。

"咔嚓嚓——"，一道闪电击中石头，石头炸裂开来，从里面蹦出来一只猴子。

瞧！美猴王横空出世了！

设计亮点：

书籍以中国传统文化为基调，具有科普意味，又具有生动性，能够很好地让孩子了解《西游记》，深化孩子对孙悟空角色的认识，立体机关也能让孩子坚持读下去。

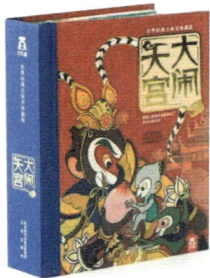

案例 65
《我们的身体》

主要内容：

我从哪里来？我身体的每一部分，手、眼、大脑、嘴巴……都有什么用呢？我为什么突然觉得非常难受呢？他是男孩，我是女孩，我们为什么有这么大的不同？每个孩子对自己的身体都是无比好奇的，在幼儿成长过程中，会产生许多有关身体的疑问。这本《我们的身体》在教会他认识身体的同时，也学会尊重他人和保护自己。

设计亮点：

形式新颖，知识全面，妙趣横生，众多新奇设计会让小读者打开眼界，惊喜不断，揭开身体的奥秘！

独特的创新设计和趣味性互动阅读：巧妙的立体及机关设计，很能激发孩子的阅读兴趣。立体、转盘、推拉、触摸，一个个设计亮点，直观形象，让孩子充满惊喜，又充满好奇，让创意在他们心中点燃火花！

知识内容丰富，深入浅出：信息质量高，信息含量极大，符合儿童接受知识深度和数量多少的科学规律。从了解生命的开始，到宝宝的出生，我们的肌肉、心脏、血液、消化系统，还有男孩、女孩身体间不仅有很大的区别，也有很多相似的地方。

完全从孩子的视角来编写和设计：从孩子的视角出发，图文结合，翻开每一页都会有惊奇感，就跟探险一样，无意间，关于我们自己身上的各种秘密就揭开啦，是每个幼儿初步认知自己和自己身体的理想选择。

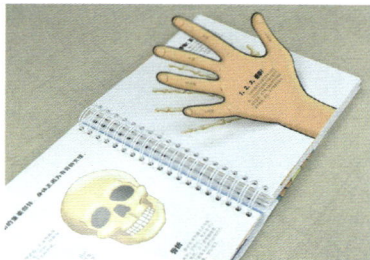

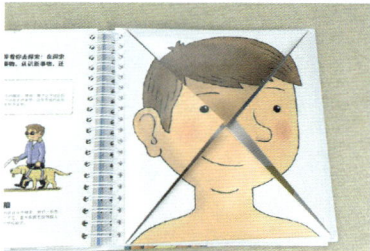

案例 66
《这不是书》

主要内容：

这不是书？那它是什么？

是一个怪物的大嘴，是一台电脑、一个网球场、一只蝴蝶、一个走钢丝的人、一座剧院、一个帐篷、一双鼓掌的手、一座房子！甚至还有……两瓣屁股！

这本不同寻常的纸板书是一种可视化的、可以打开和关闭的长方形物品，这使得它有了与一般书本的不同之处。小读者能够通过开合书本的方式，随意地变化角度、方向，从而得到不同的效果。

设计亮点：

这本书是能够让孩子反复阅读的，每一次的阅读都会带来新的惊喜，它永远不会让你的孩子的想象力枯竭。

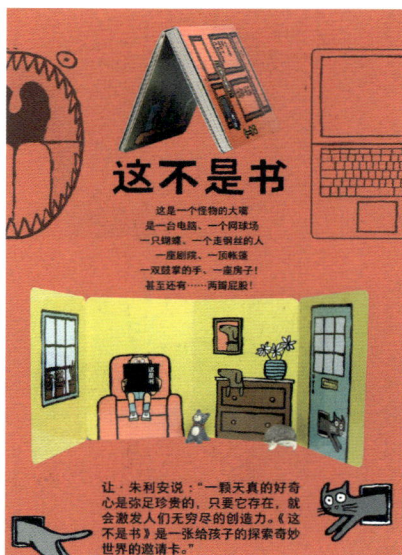

案例 67
《Mini House》

主要内容：

一辆冰激凌卡车拉响铃铛停了下来，附近的每个孩子都跑过来了。进入冰激凌卡车，这是最新的《迷你轮子》系列书籍，也是精致模切、非常厚实的《迷你屋和迷你轮子书系列》的最新成员。它如此生动、如此多彩，拿在手里玩耍，打开它的门，或者让它滑过房间，乐趣无穷。

这套这套书呢

案例 68
《Baby》

主要内容：

《Baby》教小朋友认知小 baby 的日常生活场景，贴近生活。这个小朋友就是一个书签，阅读绘本的时候，就可以把书签摆在相应的场景上。

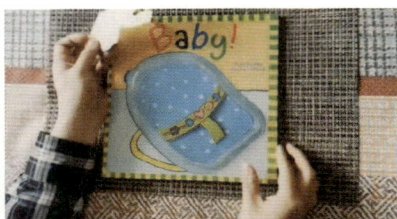

小宝宝很喜欢的绘本，内容贴近日常生活

案例 69
《Yellow Square》

主要内容：

黄色的广场将卡特的标志性纸雕塑提升到一个新的水平，融入了不同寻常的、意想不到的材料，如纱线、网和美丽的半透明蜡纸。

设计亮点：

每个设计精美的页面上都隐藏着一个黄色的正方形，隐藏在令人惊叹的原色插图之间，这些插图邀请你去探索和互动，不可避免地得到一个理所应当的"哇"。

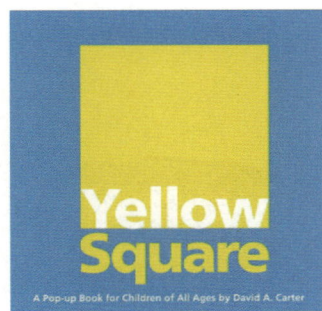

案例 70
《White Noise》

主要内容：

　　《White Nosie》是卡特的最新作品，以一本互动立体书结束了他的惊人系列，阅读这本书使用了多种感官：触觉、视觉和听觉。

设计亮点：

　　这是以声音为设计的创意点，打开内页，通过纸张的摩擦产生不同的声音，立体空间中给予儿童探索新的世界的兴趣。

案例 71
《BLUE 2》

主要内容：

　　《BLUE2》将卡特温柔的建筑纸雕塑组合在一起，零散的文本按字母顺序排列在一起，要求读者在 9 个令人惊叹的页面上寻找隐藏的 "Blue-2"。

设计亮点：

　　尽管对于推荐的 4 ～ 8 岁年龄段的孩子来说，这本书太抽象了，词汇量甚至可能让 MBA 学生望而却步，但这本书的审美魅力是如此迷人，它激发了人们对词汇的本能、直觉的理解。

案例 72
《THE STORY OF HAJHAJ》

主要内容：

　　奥尔加·纳吉（Olga Nagy）在特兰西瓦尼亚（Transylvania）写的一个故事，一个非常曲折的故事，似乎与一本弹出式书的代表性产生了很好的共鸣。

设计亮点：

　　插图在这本书中扮演着重要的角色，它们与空间环境有机对应，尽管插图元素本身没有空间的渴望，而是与平面的几何形状有关。

案例 73
《POPVILLE》

主要内容：

看看一个纸城市是如何在你眼前活跃起来的。在这本设计精巧的快闪书《POPVILE》中，你可以看到一个小村庄成长为一个现代化的大城市。小巧时尚的立体书，他们杰出的纸张工程将会让你大吃一惊。

设计亮点：

一切都始于一个简单的村庄，只有一个教堂在中心和足够的土地扩展。翻开每一页，教堂周围都建起了新的建筑、道路、工厂和公园，村庄也变成了一个繁荣的城市。

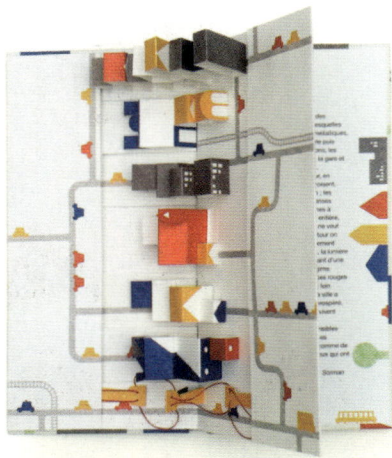

案例 74
《Famille acrobate》

主要内容：

杂技演员一家在表演杂技。著名的弹出式艺术家 Anouck Boisrobert & Louis Rigaud 为您带来了一场轰动的表演！

设计亮点：

杂技家庭的世界首映！他们飞啊飞啊，看着一家人在彼此的头顶上保持平衡，创造了一场壮观的表演！当你翻页的时候，数十个而不是一个角色，一个一个地压在一起，创造出更大胆的形状。这是一本精心制作的书，将读者带入魔术般的杂技世界，同时激发了儿童和成人的想象力。

案例 75
《RUE DE LA PEUR》

主要内容：

将这本书展开并打开房屋门窗，可以发现角龙、独眼龙、小牛座、野人等居住的街道。一个小女孩感到害怕，她得经过这条街去她爷爷家。她遇到的每个怪物背后都有一个敏感的灵魂。

设计亮点：

在怪物居住的街道上，爷爷教导孙女不要相信外表，要用幽默和宽容对待有差异的人。

案例 76
《CAPERUCITA ROJA》

主要内容：

小红帽是一个经典的童话故事，童书的内容以小红帽看望外婆的路线开展设计，在简单的选择项中培养儿童对自我的认知以及对世界探索的诉求。

设计亮点：

所有的页面都是用硬纸板做的，所以他们可以自己翻页，他们的插图是浮雕形状（不是弹出式），可以用手指翻页。美学与感官的良好结合，豪华装订在一个经典的现代故事版本里，使它成为一个完美的礼物书。

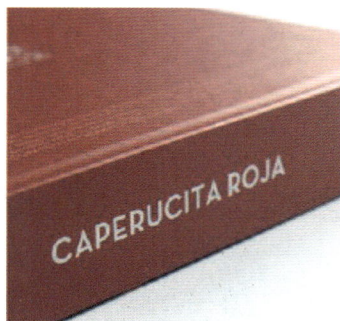

案例 77
《108 Introduction to the chakras》

主要内容：

本书的文本内容基于《脉轮圣经》《脉轮、能量和微妙身体之书》《瑜伽、手印和脉轮》《揭秘》等书以及 Jaggi Vasudev 和几位专家的演讲。以几何图形探索空间的多维变化。

设计亮点：

这本书的目的是通过 10 个弹出窗口，以一种轻松和互动的方式带来关于人体每个脉轮的更深层次的知识（重点是 7 个主要脉轮）。

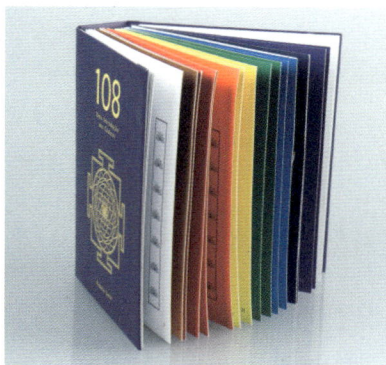

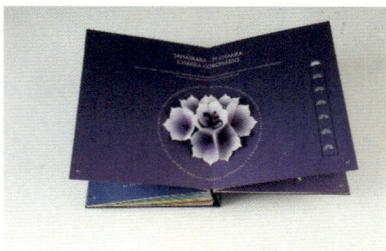

案例 78
《DOT.》

主要内容：

《DOT.》是 ANORAK 旗下更低幼版儿童杂志，适合学龄前的孩子。相比 ANORAK 其他作品，它的画风更简洁，颜色饱和度更高，内容更具连贯性，每本杂志虽然都有一个主题，但都围绕同一个角色来讲述故事。

设计亮点：

看着这些漂亮的封面，让人非常有收藏欲，随便摆在哪里都是一幅很美的画，随便翻到哪一页就看起来。

案例 79
《AVEC QUELQUES BRIQUES》

主要内容：

一个从小吃着砖头长大的小男孩，发现自己体内有一座坚固的城堡，他的心被锁在城堡后面。在一个极度悲伤的夜晚，他的感情将会溢出……一本令人惊叹的伟大诗歌立体书，书中探讨了童年的感受。

设计亮点：

这是一本令人惊叹且极富诗意的立体书，探讨了童年的感受，并赋予它们丰富的内容。每一个双页都以强大的力量和简单的方式表达了这些感受：伟大的图形力量（纯粹的线条和颜色）和体积的技巧。弹出窗口使用非常精细的机制（纸张由电线拉动和抬起）和具有出色表现力的简单形状。这是一个关于情感和砖石的故事，这件非典型的作品以富有想象力的风格向我们讲述了身份意义上的建筑。孩子需要坚强来打造自己，但也需要表达自己的弱点，需要别人来搭建共同的创作空间……诗歌、创造力和学科的力量，用几块砖头就是杰作！

案例 80
《Zoe and Zack Colours 纸板书》

主要内容：

使用模切页和印刷的醋酸纸，Jacques Duquennoy 以巧妙和创新的方式向学龄前儿童介绍颜色的概念。这本增添了 Zoe 和 Zack 系列的书展示了最好的朋友 Zoe 和 Zack 拿着画笔，准备画出不同颜色的形状。但他们在画什么呢？翻动醋酸纸的页面就能找到答案！他们将几滴颜色变成了鱼、海豹、一只大紫色的乌龟，还有更多！《颜色》这本书培养创造力，激发想象力，将向孩子们展示这个世界有多么丰富多彩！

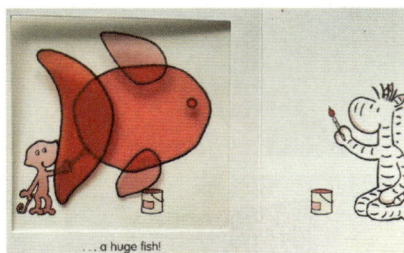

案例 81
《镜子转转转》

主要内容：

这是一本给 0～6 岁宝宝设计的神奇又好玩的创意视觉游戏书。韩国游戏大咖、童书创作新秀申晶援采用奇妙的镜面纸，帮助孩子在有趣的探索游戏中了解镜面反射和对称原理。

本书在每一个对页都精心设计了一个可以 360 度旋转的创意图卡。打开书，将镜子呈 90 度直立，旋转中间的创意图卡，镜子中便会呈现不断变换的神奇而迷人的图形世界。全书共隐藏了 12 种有趣的形象，每翻一页都惊喜不断。

孩子们会发现自己来到了一个充满探索乐趣的世界，并用自己的小手亲眼见证奇迹的诞生。

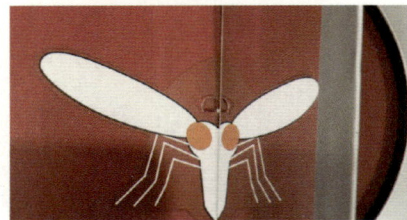

案例 82
《Wind-up Train》

主要内容:

这是一本大型、厚实的硬板书，同时也是一个玩具，书中附带了一个上发条的玩具蒸汽火车。上紧发条后，把火车放在每页内嵌的轨道上，就可以看到它在乡村地带咔咔作响地行驶。这四段轨道都是可拆卸的，拼在一起就可以组成一条巨大的火车轨道。

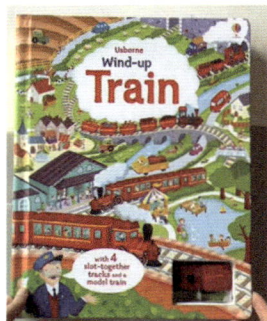

案例 83
《企鹅冰书》

主要内容:

《企鹅冰书：哪里才是我的家？》正是模拟冰川融化的现实环境危机，让孩子可以亲眼看到、亲手摸到冰川的融化。它采用感温热敏油墨，表现了书的内容和颜色的变化，模拟了整个故事。从刚开始颜色饱满，企鹅一家生活在南极；后来温度升高，页面的颜色变淡变浅，展示出冰川的消融；直到最后温度升高，页面全白，寓意着全球变暖，导致冰川融化，企鹅、北极熊等极地动物无家所归，和故事契合。

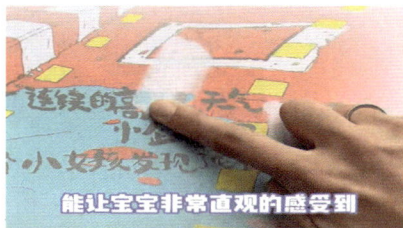

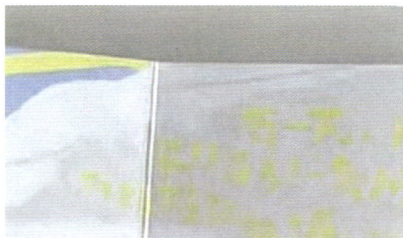

案例 84
《Heads》

主要内容:

设计上采用了抽拉式的结构，封面还加入了弹出小机关。采用了多种材质，增强了孩子的触感，通过不同的材质，增加对动物的认知。设计引导小宝宝去探索动物的世界。每个动物的头都采用了不同的动态方式，晃动的大耳朵、张开的大口等动作增加与儿童的互动性。

案例 85

《I thought I saw a……》

主要内容：

有着超滑顺好推的小圈圈推拉设计、耐玩耐啃的厚页，再加上可爱鲜明的画风、浅显易懂的重复问句，带领着宝宝在沙发、床铺、儿童车车、书店、理发厅等地方找寻躲起来的小动物。带他们认识户外环境，户外活动让他们对环境变化有一定适应力。

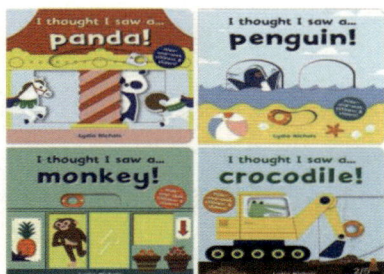

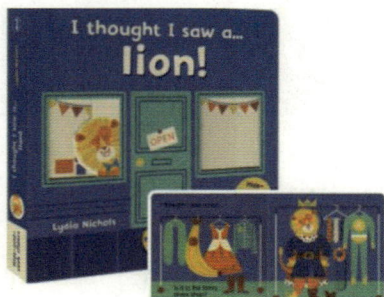

案例 86

《树懒的森林》

主要内容：

一只悠闲的树懒，从未意识到它生活的亚马孙正在遭受严重的砍伐和破坏，直到有一天，随着最后一棵树的倒下，树懒终于醒了过来，发现它美丽的家园早已不见影踪。树懒还会有自己的栖息地吗？

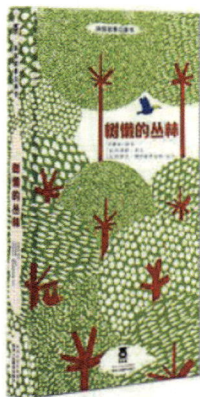

案例 87

《好饿的毛毛虫》

主要内容：

月光下，一个小小的卵，躺在树叶上，一个星期天的早晨，暖暖的太阳升起来了。啪！——从卵壳里钻出一条又瘦又饿的毛毛虫。它四下寻找着可以吃的东西。

星期一，它啃穿了一个苹果，可是肚子还是好饿。

星期二，它啃穿了两个梨子，可是肚子还是好饿。

星期三，它啃穿了三个香蕉，可他还是好饿。

星期四，它啃穿了四个草莓，可他还是好饿。

星期五，它啃穿了五个橘子，可他还是饿呀。

星期六，它啃穿了一块巧克力蛋糕，一个冰激凌蛋筒，一条酸黄瓜，一片瑞士奶酪，一截萨拉米香肠，一根棒棒糖，一角樱桃馅饼，一段红肠，一只杯形蛋糕，还有一块甜西瓜。到了晚上，他的肚子好痛！

第二天，又是星期天。毛毛虫啃穿了一片可爱的绿树叶，这一回它感觉好多了。

它一点儿也不饿了——它也不再是一条小毛虫了，而是一条胖嘟嘟的大毛虫了。

它绕着自己的身子，造了一座叫作"茧"的小房子。它在那里面待了两个多星期。

然后，它就在茧壳上啃出一个洞洞，钻了出来……

变成了一只漂亮的蝴蝶！

案例 88

《爱丽丝梦游仙境》

主要内容：

一位可爱的英国小女孩爱丽丝在无聊之际，发现了一只揣着怀表、会说话的白兔。她追赶着它而不慎掉进了一个兔子洞，由此坠入了神奇的地下世界。在这个世界里，喝一口水就能缩得如同老鼠大小……

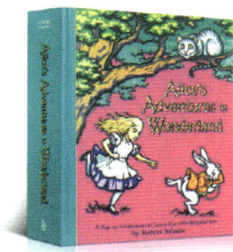

案例 89

《先有蛋》

主要内容：

是先有鸡，还是先有蛋呢？先有蛋，然后有鸡。先有蝌蚪，然后有青蛙。先有种子，然后有花……

这是一本关于变化的书——从蛋变成鸡，从种子变成花，从毛毛虫变成蝴蝶。它也是一本关于创造的书——用颜料可以画出画，用字可以写成故事……用平凡也可以创造出神奇。

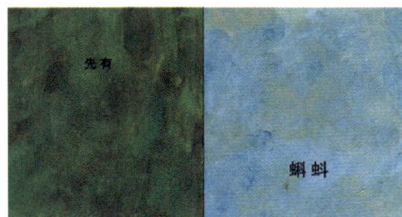

案例 90

《大象在哪里？》

主要内容：

全世界妈妈都在和孩子寻找——大象在哪里。一套给 2～4 岁孩子的经典视觉发现绘本，美到让孩子尖叫！这套书一共有两册：《大象在哪里？》《海星在哪里？》，每一册都用美丽、有趣的图画，引领小读者在不断变化的画面中寻找大象在哪里，或是海星在哪里？这套书开启了全新的亲子共读方式，它让爸爸妈妈和孩子共同参与，启发孩子们在寻找大象、海星等小动物时思考"为什么越来越好找"，因为没有了可以栖息的环境，任何生物都无法生存。一套无字绘本，却传达了千言万语。

书后附赠的贴纸、拼插卡片、思维游戏等，锻炼孩子的动手能力、脑力，培养他们的想象力，逐渐理解和思考这套绘本的意义。

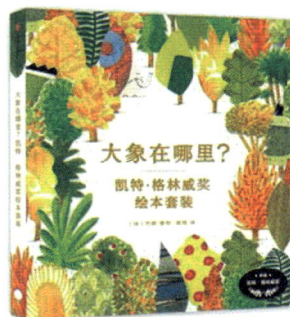

05

第五章

玩具书设计案例

第一节　考察儿童

■ 一、实地考察

（一）调研地点：方所

小组成员：宁晓楠、林晓晴、张歆恬、方俊聪、区芷怡

1. 空间特点

太古汇：是太古地产位于广州的大型综合发展项目，由太古地产开发建设并运营管理。项目位于广州市天河中央商务区核心地段，总楼面面积约 35.8 万平方米（不含文化中心），由一个大型购物商场、两座甲级办公楼、广州首家文华东方酒店及酒店式服务住宅、一个文化中心构成，共有 718 个停车位。商场及办公楼部分于 2011 年开幕，文华东方酒店及酒店式服务住宅于 2013 年初开幕。

太古汇内云集逾 180 家知名品牌，从全球一线品牌精品、国内外品牌时装、家居生活用品，到精致美食佳肴，均一一呈现。方所占地 1800 平方米，集书店、美学生活、咖啡、展览空间与服饰时尚等混业经营为一体。在方所的玻璃门上，是诗人也斯的赠语："但愿回到更多诗歌朗读的年代：'随风合唱中隐晦了的抒情需要另外的聆听。'"这句话很好地概括了书店的经营范围——主营人文、艺术、设计、建筑类书籍，其中有 4 万种港台书刊和近万种外文书，也有部分内地出版物。

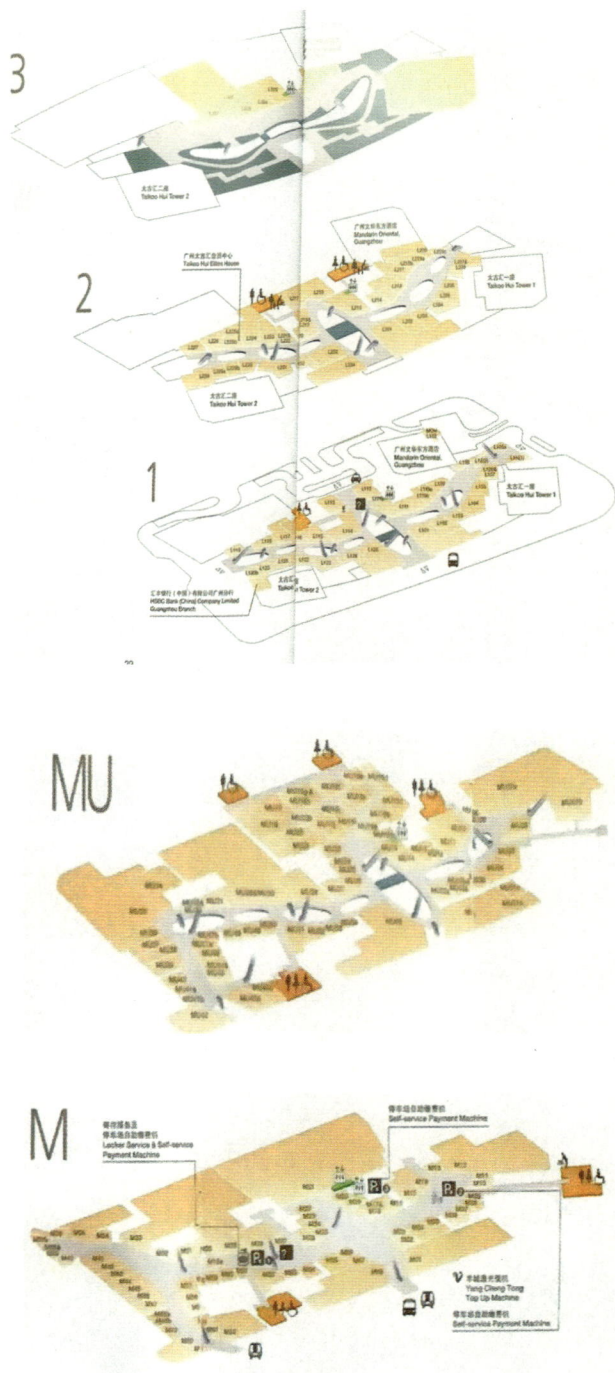

图 5-1　广州太古汇分布图

图 5-2 方所儿童区域

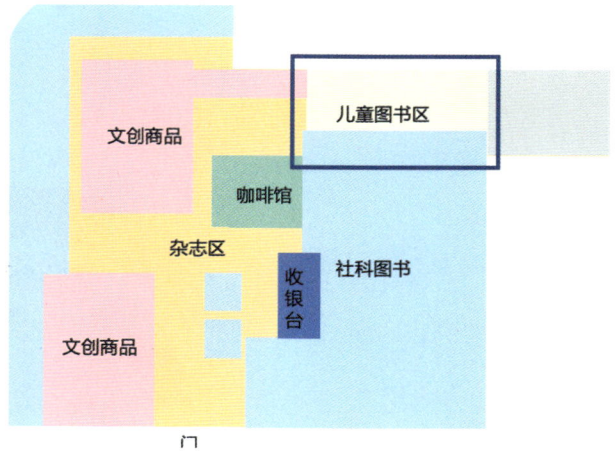

图 5-3 儿童图书区域分布

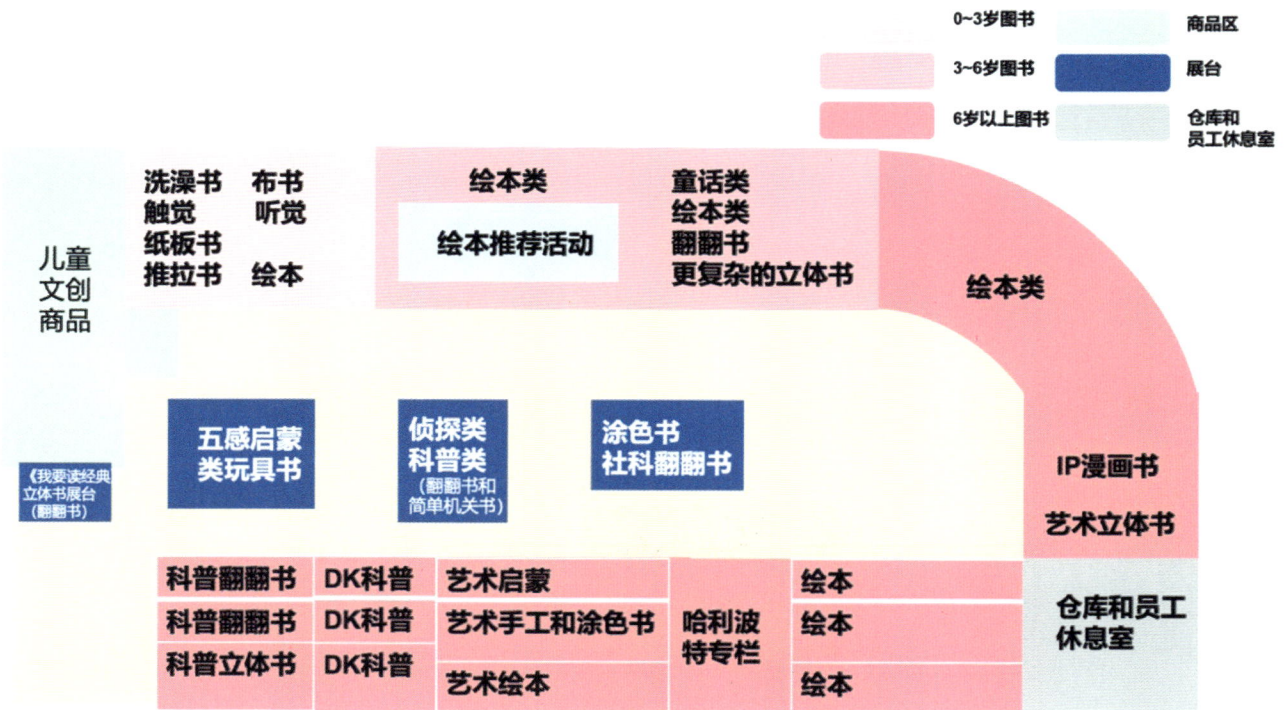

图 5-4 儿童书种类分布

2. 调研分析

（1）零售书店的玩具书销售

销售主要以儿童书区为主，其他区域内玩具书主要作为一些形式的辅助。

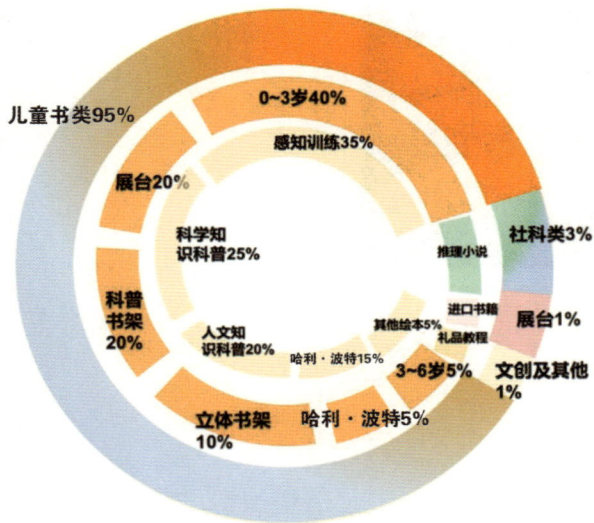

图 5-5　儿童书销售图

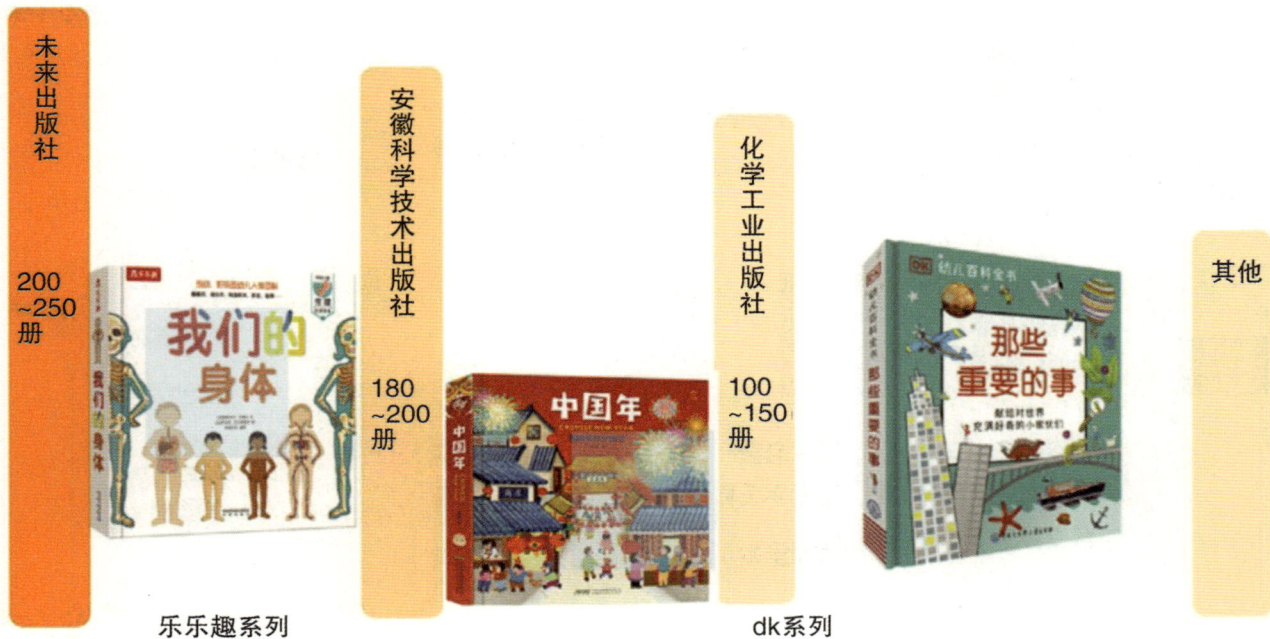

图 5-6　主要出版社出版数量图

（2）购买群体

现场家长多为孩子年龄在 0～6 岁的年轻家长，也有少部分年长家长为孙子孙女选购图书。

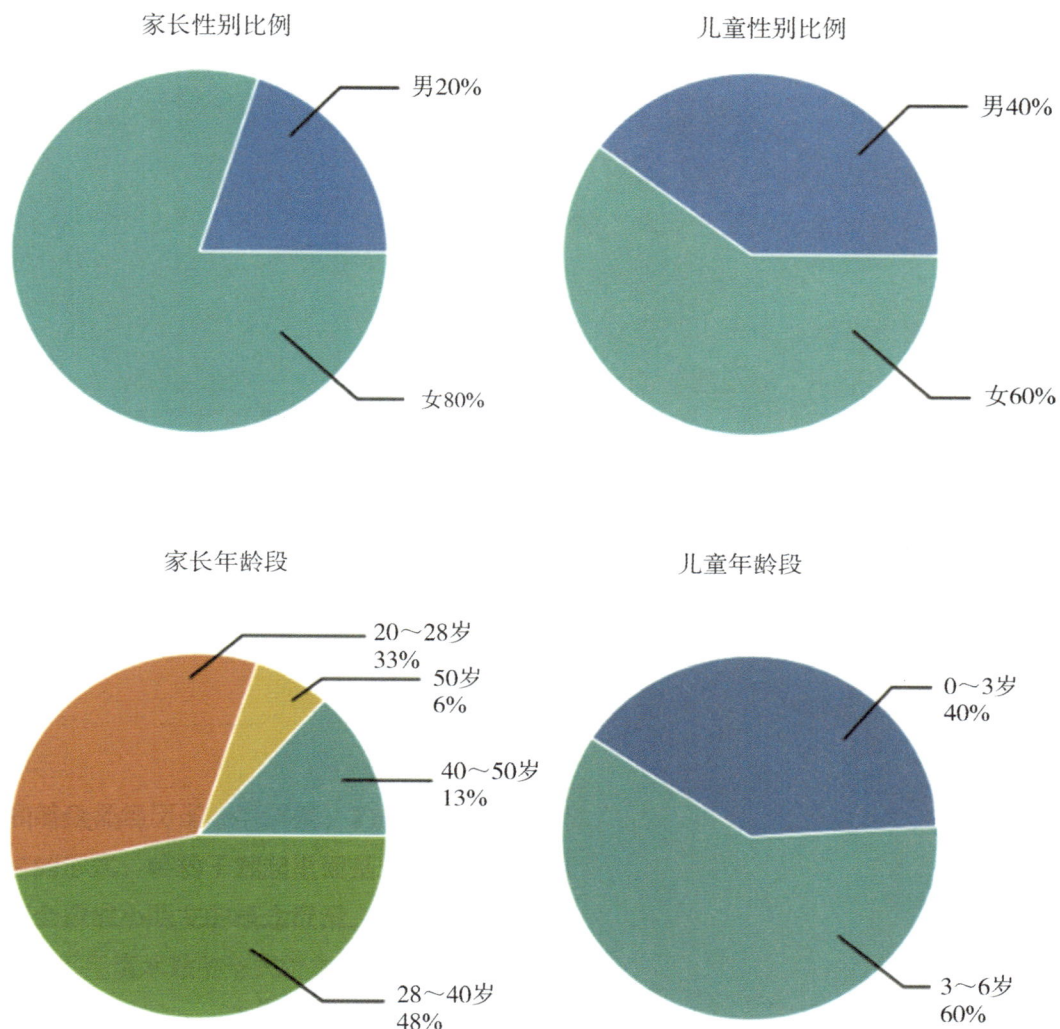

家长性别比例

男20%

女80%

儿童性别比例

男40%

女60%

家长年龄段

20～28岁
33%

50岁
6%

40～50岁
13%

28～40岁
48%

儿童年龄段

0～3岁
40%

3～6岁
60%

图 5-7　家长与儿童购书比例分布

大部分家长只是为了了解书籍大致内容和出版信息，翻阅时间短；少部分家长会花费时间阅读书籍的前几页以了解书籍内容。儿童则会花费更多的时间翻阅完一本卡通书，但是一般的卡通书篇幅较短，能快速阅读完。

家长翻阅书籍数量

0～2本4人
26%

3+本2人
14%

3～5本9人
60%

儿童翻阅书籍数量

0～2本1人
20%

3～5本1人
20%

5+本3人
60%

家长翻阅时间

5min+
12%

2～5min
6%

30s～2min
6%

0～30s
76%

儿童翻阅时间

0～30min
40%

2～5min
20%

30s～2min
40%

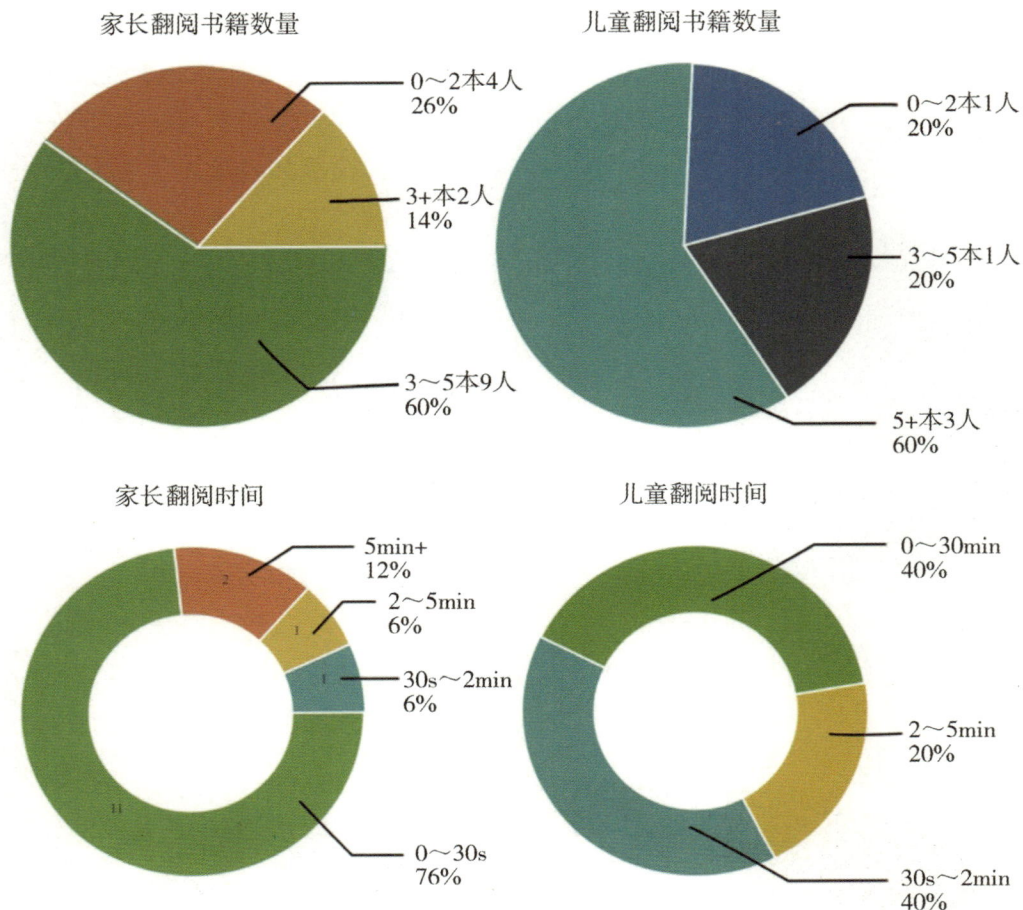

图 5-8　家长与儿童翻阅时间比较

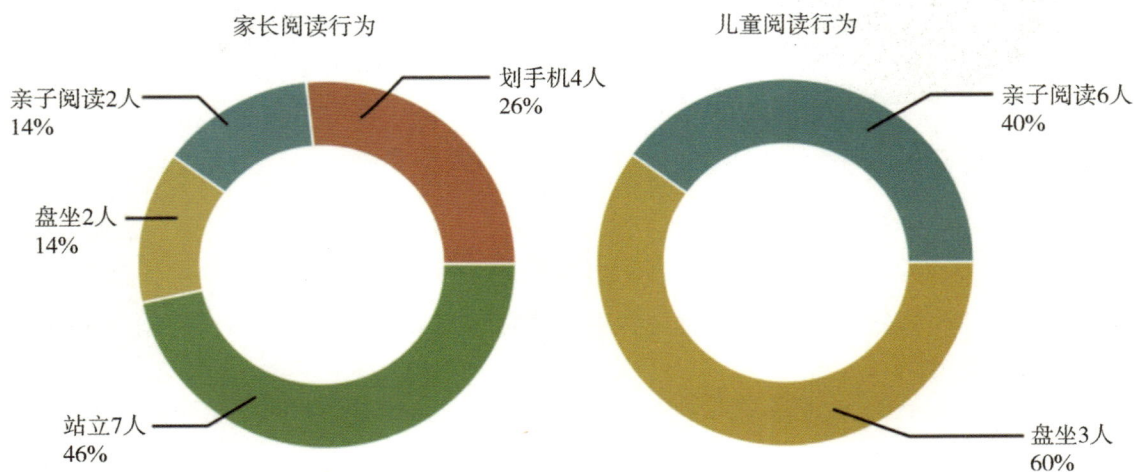

家长阅读行为

亲子阅读2人
14%

划手机4人
26%

盘坐2人
14%

站立7人
46%

儿童阅读行为

亲子阅读6人
40%

盘坐3人
60%

图 5-9　家长与儿童的阅读行为

　　少部分家长会边划手机边阅读以对照书籍信息，或者是在聊微信；大部分家长会站立阅读。现场多为独自购书的家长，所以亲自阅读也占少数。

　　儿童与大部分家长一般的肢体动作都是翻折，少部分儿童会指书上的卡通人物。

　　在亲子阅读中会出现比画的互动动作。而大部分家长在阅读中没有过多的肢体动作。

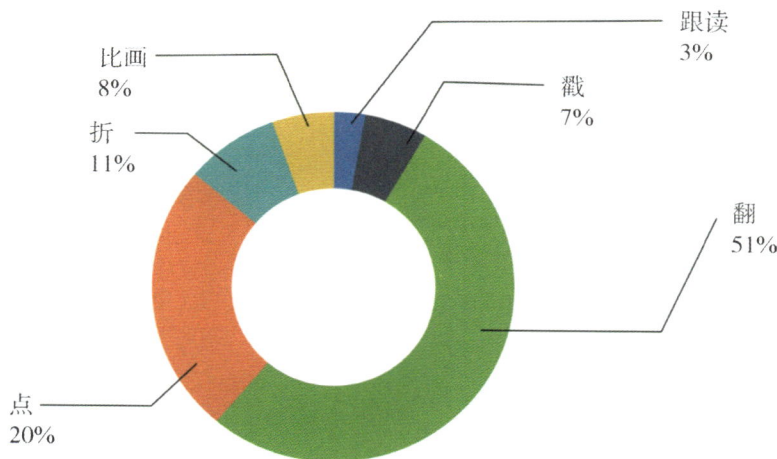

图 5-10　看书的行为

■ 二、互动中观察

（一）观察一

　　小组成员：张志杰、田岱夕、仇文璿、傅晓聪、胡嘉彬、王川玲、王超宇、江玥、孙明远、杨光敏

表 5-1　儿童的具体观察（儿童名字均为化名）

儿童	玩具书 1 《汉堡王》	玩具书 2 《芭比换装》	玩具书 3 《脸谱》	玩具书 4 《小鲤鱼历险记》	玩具书 5 《牛》
14 号 涂小乔	积极发言，反应较快，喜欢与同学交流。在发放玩具时，积极争取自己喜欢的玩具。	对于芭比换装开始展示时比较沉默，可在换装游戏的时候比较活跃。在与同学玩玩具的时候发生了小小的争执，在老师的劝导下，认识到自己的小错误，并开心地和同学分享玩具。	反应比较平淡。活泼可爱，在玩脸谱的时候做出了各种各样的动作与表情。	说玩具书上的水母是"蘑菇鱼"，对水母和小海豚比较喜爱。想要蓝色的大的海星，用积极的态度表达出想要玩具书。在老师的引导下正确地认识到不能随意损坏玩具书。	做出了模仿"小牛"的动作，说自己是小牛仔，对"牛肉罐头"表现得非常积极。有号召力，个性突出，让小朋友不要抢玩具。

续表

儿童	玩具书 1《汉堡王》	玩具书 2《芭比换装》	玩具书 3《脸谱》	玩具书 4《海底生物》	玩具书 5《牛》
16 号刘小晨	积极回答问题，对各种食材的认知都比较多并且喜欢吃各种蔬菜。	在芭比换装的游戏中动手能力很强，有自己的主见。主动和旁边的小朋友表达自己的审美，教同学贴纸的贴放位置。	在其他小朋友抢着玩玩具的时候说："同学们应该一个一个轮着来玩。"拥有较强的集体意识，懂得谦让，遵守班级秩序。	认真观察老师手中的玩具书却不发言。有较强的集体意识。	在看玩具书的时候，和其他小朋友交换着看。
33 号黄小涵	积极回答问题，对各种食材的认知都比较多并且喜欢吃各种蔬菜。乖巧听话，比较安静。	对玩具书封面的芭比目不转睛。当玩具书打开时，直接站起身来表达兴奋与好奇。对各种小动物的名字也比较熟悉，能准确快速回答出老师的问题。在玩玩具的时候会和旁边的小朋友分享。	跟着老师的节奏积极回答问题，在小朋友抢玩具时，静静坐在自己的位置上。	对海底世界了解很多。认识海底生物的不同种类，准确回答出老师的问题，和老师一起"找朋友"，对玩具书上的海洋生物的个数能认真、正确地回答出。对生活中各种事物的认知还比较多，认真细心，但因为内向所以不怎么表达自己的内心想法，需要老师慢慢地引导来培养自信心。	想要一个小牛玩具，一直对老师说："我要牛，我要牛。"对"牛"的立体书有专注力。小朋友慢慢地活泼起来，与老师同学积极地互动。懂得分享，言行举止调皮可爱。
5 号李小墨	动手能力极强，认真听讲，在老师的引导下也将自己手中的玩具分享给其他小朋友。对音乐比较感兴趣，喜欢白菜、花菜、鸡蛋、热狗。	对芭比换装的反应开始比较平静，安静地听老师的讲解，但在游戏中却比较主动。和小朋友一起贴纸，懂得分享。	相对比较沉默。小朋友在玩游戏的时候都是比较兴奋激动的，对于头饰的玩具也比较积极。	积极表达自己内心的想法，动脑快，积极回答问题，在找海洋生物的数数时积极认真。喜欢站起来玩玩具来表达自己的激动，个性特点鲜明，开朗活泼。	顺口回答"牛魔王"，想象力丰富，看热带牛的时候就想到了热带雨林。
6 号邓小蝶	认真细致地观察玩具书，在其他小朋友抢玩具的时候，静静地站着。	她说："我家里也有很多芭比。"对芭比换装有很大的热情。内心世界丰富，自信地面对镜头。	喜欢蓝色的脸谱。其他同学在玩玩具的时候，很专注地盯着看。	在老师讲"找朋友"的故事的时候，认真细致的听讲，乖巧听话，心思敏捷。	听从老师的安排，懂得与同学分享。

续表

儿童	玩具书1 《汉堡王》	玩具书2 《芭比换装》	玩具书3 《脸谱》	玩具书4 《海底生物》	玩具书5 《牛》
8号 曾小晰	在游戏过程中一直乐呵呵的,天真无邪。动手能力很好,性格大方活泼。	对动物园的内容比较关注,认真贴圣诞贴纸,专心玩玩具。比较喜欢与老师互动交流。	喜欢绿色的脸谱,老师讲话积极举手,天真活泼。是"开心果",积极热情,勤于思考,对老师的问题都能及时回应。	认真听老师讲"找朋友"的故事,听得津津有味。	在小朋友抢玩具时,说不能抢,懂得谦让。在翻阅立体书时认真观察书中的内容。对新鲜的事物都怀有一颗探索的心。
19号 庄小润	对玩具的专注力强,主动玩煮食材的游戏。	对芭比换装中的圣诞节内容比较关注,喜欢和老师互动。	和老师一起数数,喜欢开动脑筋,反应灵敏。戴脸谱做鬼脸逗小朋友开心。	用积极的反应回应老师来表达自己对玩具书的喜爱。对于新奇的事物有很大的好奇心,活泼机灵。	看到"牛肉罐头"的时候,小朋友用"哇"的一声表示新奇。对各种牛比较感兴趣。
1号 李小静	积极回答展示者提出的问题,然后和旁边的2号小朋友讨论了起来,之后抑制不住自己的情绪,哈哈大笑。在看到玩具书后很激动,不停想去抢玩具。外向开朗,对新鲜事物有很大的好奇心,热衷于和朋友交流,不善于隐藏自己的情绪。	一开始表现出很淡定的样子,遵守课堂纪律。看到玩具是娃娃之后很激动,趴在桌子上争抢。对娃娃之类的东西有很大的兴趣,无法阻挡好玩的东西对自己的诱惑。	一开始对将要拿出的东西充满期待,当玩具书面具拿出来之后也迫不及待地想玩。对新鲜的东西都有极大的兴趣。	积极回答问题,和旁边的同学讨论了起来甚至争论。争论过后沉默了,看到同学都积极参与后也不甘落后。	观望,然后开始有了兴趣甚至趴在桌子上抢了起来。外向开朗,善于与同龄人交流,对新鲜事物都有极大的好奇心,能积极参与课堂讨论。
2号 左小正	对玩具的专注力强,主动玩煮食材的游戏。一开始表情很淡定,一直呆望着一组成员。见到其他小朋友热情参与后也积极参与回答问题,玩玩具。玩了一分钟后又失去了热情,静静地看别的同学玩。容易受到别人的带动和影响,对事物的热情保持时间很短。	有点坐不住甚至有点不耐烦,面无表情。看到玩具后仔细看了一会儿,对玩具不是特别感兴趣。对不感兴趣的东西持抵制态度甚至不愿意配合。	表现出极大的兴趣,当玩具拿到手并没有直接玩,而是先给旁边的1号女同学玩。然后再自己玩了起来。懂得谦让,和1号是好朋友。	开始有了一些兴趣,趴在桌上观望。对只能看不能一起玩的东西兴趣不大。	积极了许多,认真看展示,迫不及待地玩了起来。更喜欢一个人静静玩东西,不爱和别人讨论交流,懂得谦让。

（二）观察二

小组成员：王若男、杨健航、何海旭、石妮、张蹊洋、王江利、程思棚

这次大家准备得更加充分，作品也更加完善，同时与小朋友们的交流也变得愈加亲和。总的来讲，小朋友们在对待游戏书时都流露出极大的兴趣，参与性特别强，所以这也从正面要求我们在设计制作游戏书时要充分考虑到游戏书的可玩性和参与性，不只是在书籍制作的过程中考虑引导性，可以更多地引入游戏书的互动性和趣味性，例如亲子或由老师带领下玩耍的游戏设计。

小孩子对色彩的分辨能力不是很强，相反的对物体的造型很感兴趣，因此他们在拿到游戏书时往往是优先挑选造型比较好看，比较具象化卡通的游戏书，这一点我们在往后的游戏书制作中可以优先参考进去。

再一点是在游戏书选材方面的，小孩子的自制力不够，看到喜欢的事物时往往想抢夺到手，因此在选材方面要考虑材质的耐磨损性。还有就是在加工小物件时最好选择缝制的方法，这样比较牢固。

小朋友们对于游戏书能够发出声音这一新元素展现出极大的兴趣，也会因为游戏书物件的造型奇特而积极地参与。

可互动性的玩具书让小朋友积极地参与。

总结：小朋友喜欢动手玩的东西；小朋友喜欢颜色鲜艳的东西；喜欢玩玩具，喜欢抢，所以做的东西最好可以共同玩耍；小朋友的好奇心强，对自己好奇的东西会用自己的方式去对待，并且是以暴力的形式。所以我们做的玩具书是可以共同玩耍，耐玩性强，书的材质最好是布质材料。故事可以不用太过复杂，外观颜色可以明亮鲜艳点。

表5-2 儿童的具体观察

书名	材料	特点	儿童反应
《交通玩具》	超轻黏土	8个不同的独立的交通工具	因为数量适当，所以小孩子玩的时候基本不会抢，有些孩子会分享，大家都对新事物比较好奇，会互相交流认知和不同玩法。整体小孩子们还算喜欢，虽有部分损坏，整体还是比较牢固。
《童谣》	不织布、音乐	不同内容的童谣	孩子们对音乐的元素比较感兴趣，大家都十分踊跃，都想去听，小朋友们遇到会唱的还会大家一起合唱，分享自己会的歌曲。虽然不懂字，但看到图片和听到熟悉的声音还是会积极参与进来，表现得十分踊跃。
《老鼠找奶酪》	纸、玩偶、超轻黏土等综合材料	以立体书的形式呈现了老鼠找奶酪的过程	页数十分多，孩子们聚在一起也可以都看得到，每一页的内容也十分丰富，设计美观、大气，很益智。只是孩子们玩的时候太过于暴力，在过程中已有些玩坏，不能玩太久。就现场来看，孩子们还是都比较喜欢的，动手又动脑，反响还不错。
《Play together》	不织布	每一页不同的益智小游戏	每一页都有不同的益智小游戏，可拆卸，所以小朋友们玩的时候不会出现打架的情况，他们对每一页都十分好奇。但是有些游戏要在大人的陪同下才会玩，有些游戏对于他们来说还是有些早了。总体上孩子们还是比较喜欢。

第二节 设计探索

■ 一、设计实践

（一）《童谣》

1. 基本内容

对象：4～5岁幼儿

材料：织布，音乐，不干胶字，针线，剪刀，小刀，尺子，牛皮纸等

2. 设计选题

童谣是为儿童作的短诗，强调格律和韵脚，通常以口头形式流传。许多童谣都是根据古代仪式中的惯用语逐渐加工流传而来，或是以较晚一些的历史事件为题材加工而成；童谣的内容取材贴近生活和自然、内容浅显、思想单纯，让孩子们容易记住；童谣想象丰富，富有情趣；整首篇幅简短，结构划一；童谣语言活泼，富于音韵，朗朗上口。

教育价值：①智识教育；②情趣教育；③文学教育；④品德教育。

音乐：这时段的小孩的耳听敏锐程度是很高的。

3. 对象分析

（1）4～5岁小孩特征

这时候的小孩特别活泼好动，运动功能进一步完善，基本掌握了全身性的主要运动，他们能跑善跳，会玩球、跳绳、攀登等。手的动作也更加灵巧，能参与一些简单的劳动、游戏和生活自理，有的小孩已会熟练地使用筷子。积极动用感官，随着身心的发展，儿童对周围的生活更熟悉了，他们总是不停地

图 5-11 《童谣》内页

看、听、摸、动见到的新奇的东西，还会放在嘴里咬咬、尝尝，或者放在耳边听听、凑到鼻子前闻闻，他们会积极地运用感官去探索、去了解新鲜事物。还常常喜欢寻根刨底，不但要知道"是什么"，还要探究"为什么"，如为什么鸟会飞、洗衣机为什么会转动等。

（2）性别差异

这时候小孩开始意识到男女的性别，对异性身体的差异表示注意，并会向家长提出一些有关性方面的疑问。这时，家长不应回避或阻止小孩的提问，应当给小孩正确、清楚、恰当的回答，适时地向小孩进行科学的性教育。

（3）学会交往

四五岁的儿童喜欢和同伴一起玩，在活动中他们逐渐学会了交往，会与同伴共同分享快乐，还获得了领导同伴和服从同伴的经验。此时他们开始有了嫉妒心，能感受到强烈的愤怒与挫折。有时，他们还喜欢炫耀自己所拥有的东西。当然，在集体活动中他们也了解和学会与人交往及合作的方式。

这个阶段的儿童不但爱玩而且会玩了。有人说："四五岁是儿童游戏活动的黄金时期。"此时的儿童不仅游戏兴趣显著增强且水平也大大地提高了，他们能够自己组织游戏。选择主题、自行分工、扮演角色等，游戏情节丰富、内容多样化，还出现了以物代物等替代行为，如他们会用积木代替电话机、用"雪花片"代替公园门票等，表征水平有了提高。他们的游戏不仅反映日常生活的情景，还经常反映电视、电影里的故事情节。大人有大人的方式交朋友，小孩有小孩的方式在游戏中逐渐形成伙伴关系，而且有了相对稳定的游戏伙伴"铁哥们儿、好

姐妹"。由于交往技能的不足，不知道有哪些交往的方式可以找到好朋友，不知道哪种交往的方式是正确的，容易发生争执和攻击性行为。这需要我们正确对待，耐心地在实际生活中多教孩子一些正确的交往方式，多鼓励，不要简单地去制止和责备。

（4）有意识记忆

四五岁的幼儿记忆特点是无意中进行的记忆较多，也能进行有目的有意识的记忆。如在游戏时无意中看到妈妈切洋葱，让洋葱熏出了眼泪，以后便不敢弄碎它了，能学会忘。如要他们学一首儿歌，他们反复朗诵几遍就记下了，但如果长时间不复习，会忘得一干二净。当然，这跟孩子对儿歌的理解程度有关，如果不理解，只是机械地背诵，虽然背得快，但短时间里就会忘记了；如果是在理解的基础上进行的记忆，那他们记的时间会长一些，但也必须重新巩固，否则也会忘记。要发展中班幼儿的记忆力，关键的一环是锻炼他们的注意力，同时要提高孩子对词语的理解能力。当孩子听得懂故事和父母解说的各种现象时，他们学习的积极性就高了，学习能力增强，记忆效果也会明显变好。

（5）认知能力

认识 8～10 种颜色（红、黄、绿、蓝、黑、白、棕、紫、橙、灰）；会照样画三角形、梯形，画人；会将 2 个三角形拼成一个长方形；喜欢涂涂画画；能用黏土或橡皮泥捏出一些形状和物体，如圆形、方形、西瓜、苹果、香蕉等，有时还会捏出人像或动物的形象。这一时期的儿童在表达自己的想法时，经常要用手势、表情协助。这个年龄小孩的思维由直觉行动性

思维发展为具体形象思维，即他们可以凭借事物的具体形象或表象的联想来进行思维。是数概念形成的最佳时期，这时候小孩掌握了10以内的数概念，能够口手一致地点数10以内的实物，知道10以内数的组成和序数。会5以内数的加法；能找出图片中残缺部分；会画格子迷津；能认识钱币；分清高矮、胖瘦、粗细、厚薄、宽窄；分清左右。言语的发展：会说清家庭住址；复述一段4句连续的话；理解并会叙述词汇；知道反义词。

4～5岁的幼儿喜欢用的玩具：各种积木、画板、橡皮泥、剪纸；喜欢读物玩具类型：有动感、色彩明艳；最喜爱做游戏、看电视、看电影、听故事、看图画书等，与这时候小孩的思维特点是有密切关系的。

4. 设计反馈

通过在幼儿园与小朋友的交流，从小朋友的沟通互动情况，发现本玩具书的优点是：使用了综合材料，能够发音，有了特别之处，这样在吸引孩子的程度上提高了；在选择的儿歌内容上符合这个阶段小孩的年龄，不但简单易懂可以学习到知识，而且能让小孩互动起来。不足之处，不干胶字不牢固，孩子们几乎不能碰，这个可以改进，选用其他方法来做字体；电池不耐用，用多几次声音变小，孩子们听不见。

图5-12　互动场景

（设计：王若男、杨健航）

（二）《汉堡王》

1. 前期准备

在设计玩具书前，学生进行了市场调研并对3～4岁的小朋友进行了观察。

学生发现3～4岁的孩子开始有了形象思维，他们能用语言表达自己的思想感情，对感兴趣的东西好奇好问，好模仿。他们开始逐渐学会在动作之前就能在头脑里进行思考，思考超越了时空的限制，有一定的目的性和预见性。但是，思维还离不开事物的形象，对事物的概括也总是具体形象的。他们对图像的辨认和记忆能力很强，认记图和字都有较好的效果。他们喜欢夸大事物的某些特征，如流汗要画大颗的汗珠；大萝卜画得比人还大……

2. 设计过程

通过调查和分析，他们打算做一个自由组合食材进行烹饪的汉堡玩具书。希望通过玩具书增加小朋友们对蔬菜水果的想象和认识，增加自己的动手能力。希望做足够的道具增加玩具的趣味性，对食材的设计和色彩的搭配也进行了考虑。除了做一个有音乐的冰箱盒以外，他们打算加个灶台来增加玩具的趣味性和可玩性，包括对小厨师帽的设计来启发小朋友进入角色，并引导他们通过玩具书做情节简单的游戏。他们在食材玩具上选择了织布的材料保证玩具的可玩性，在玩具书灶台的设计上也想尽量做到真实有趣和方便携带。

3. 制作过程

他们按自己的想法做了不织布的灶台和一点蔬菜水果，找了一个透明的盒子对不织布蔬菜水果进行收纳，然后拿到幼儿园给小朋友们试玩。在玩的过程中对小朋友进行了观察，回来后开始对玩具书进行完善和改进：

通过反馈，增加了蔬菜食材的种类，汉堡面包片也设计成老爷爷、熊和小女孩的样子。把透明盒子包装成冰箱的样子，把平面灶台设计成立体书的样子，方便携带也增加游戏的趣味性。同时也在玩具书冰箱安装了音乐。封面在色彩和形象设计上用了可爱清新的画风。

3～4岁的孩子动作发展不够协调，心理具有明显的随意性和情绪性的特点，幼儿控制能力差，我们在设计的时候决定设计颜色鲜艳、造型可爱的形象，让玩具书从包装设计看起来就生动有趣，从而激起幼儿的兴趣，吸引孩子们积极主动地来玩。希望他们可以通过颜色、声音、形状等具体形象，表面特征来认识事物。通过在游戏中自由组合汉堡食材来启发孩子的创造性和动手能力。

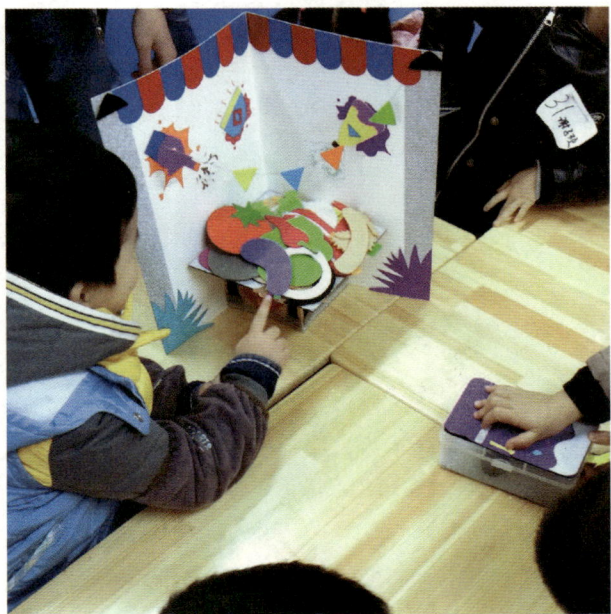

图5-13　小朋友在玩学生的作品

（设计：田岱夕、张志杰）

（三）《牛罐头玩具》

1. 基本内容

材料：卡纸，牛皮布，五彩纺布，彩色棉球，化妆包，牛玩具。

罐头包装：用白色纺布包装处理化妆包内部。

牛排汉堡图画书：最上层和最底层采用布面缝制，缝制成牛排形状。里面鸡蛋、奶酪与蔬菜则用硬卡纸和五彩纺布制成。

立体书：封面用牛皮做成，硬卡纸做内底，采用与介绍的牛的颜色卡纸做出相应的立体牛。

2. 设计构思

经过市场调查，我们发现市场上的玩具书内容简单，容易被小朋友理解，颜色比较鲜艳，设计比较可爱，书本比较结实。结合四五岁儿童精力充沛，手指动作比较灵巧，可以熟练地穿脱衣服、扣纽扣、拉拉链、系鞋带，也会折纸、穿珠、拼插积木等完成精细动作。动作质量明显提高，既能灵活操作，又能坚持较长时间，所以我们觉得玩具书是让小朋友在玩耍中学习，在学习中玩耍。

图 5-14 演示如何去玩

初步的设计理念：做一本关于牛的立体书，介绍牛的种类（几种出名的种类）以及牛身上各部位（将以分组翻块的方式让小朋友自己去了解各部位）。

由于这是最后一组与小孩子互动，小孩子在与前面小组交流时接触到不同形式的玩具书。在他们一开始拿出玩具书时，由于玩具书的形式比较普通，小朋友们的注意力难以集中到书本上。但当打开玩具书展示立体结构时，小朋友们的注意力一下子就集中起来了。当学生开始描述书本内容的时候，小朋友们也能积极地与之互动和交流。可是书本不够结实，立体结构容易被小朋友弄坏。

3. 设计反馈

经过幼儿园调研，发现小孩子容易被颜色鲜艳以及外形新奇吸引，动手能力较强，想象力比较丰富。经过幼儿园调研，他们把立体玩具书的形式由书本形式改变为容易吸引人的罐头形式。罐头内容：玩具牛、立体书、布面牛排图书、罐头餐具。

4. 改进内容

（1）把原有的立体书翻书转变为打开罐头发现牛排形玩具书的惊喜——迅速吸引小朋友。

（2）在罐头里放置与牛、牛排有关的小玩具。

（3）罐头内还放有各种玩具牛，玩具牛身上还绑有立体书，书里有代表牛的特形外征的立体结构——带给小朋友进一步惊喜。

（设计：孙明远、杨光敏）

（四）《小鲤鱼历险记》

1. 设计背景

读者对于玩具书最开始的认识是颜色艳丽的卡通书，对于玩具书的设计也只是以为画点卡通人物，写点字加注拼音就行。对于这类产品内心也不是特别期待。

一本好的玩具书远远不是我们所想象的，从样式的多样性，到内容的探索性，想象力的发挥能很好地引导孩子。不仅能引起孩子的兴趣，也能深深地吸引我们。

有一个汉堡书的作品引起了我的注意，它既是一个玩具，也是一本书。然而它又打破了"书籍"的固定模式。我们隐隐觉得那就是我们想做的。

后来我们去了书店，听了幼儿园老师的讲解，了解到3岁左右孩子的心智水平，对于内容有了一个大概的设想，就是一条小鱼找朋友的故事，从而让孩子们认识海底动物。对于书的形式大概的设想就是做一个既是玩具又是书的玩具书。日历形式给予了学生启发，于是他们就决定打破对于书只能翻的固定模式，变为"抽书"。因为设定的场景是在海底，所以对书的外形就决定做成鱼缸的样式，中间镂空部分做成装饰，让它里面的部分既可以抽出来玩，当成玩具，也可以当成摆设。这就是最开始一个大概的构思。

因为对具体事物形象的认知有限，所以也少了很多禁锢。但是当页面的设计出来后，老师和他们都发现了画面内容的单一性。第一次去幼儿园小朋友也没有多大兴趣，于是他们改成了找朋友的故事内容，把动物藏在各种礁石、

海草里，从而引发孩子们去探索找寻的兴趣。对于镂空部分的设计他们做出立体感，更有观赏性。加上一个可以移动的小鱼，虽然与最初做成玩具的设想有点差距，但是也是一种创新。

他们还遇到了各种问题，比如画面的美观性、页面的丰富性、细节的精致性，这些都是可以提升的。但是他们也很满意，完成了最初的设想。

2. 设计过程

里面的动物形象借用了其他玩具书里的形象，以及我们小时候喜欢的动画片里的形象，比如《小鲤鱼历险记》里的海马阿布和水母小美，更多形象的设计是来自小朋友画的海底世界里面的各种形象。在此过程中他们感叹小朋友的创作力和想象力远远高于成年人，因为对具体事物形象的认知有限，所以也少了很多禁锢。

对于外观的设计，他们是想让小朋友的思维没有太大的局限，所以在平面上做出了立体式的、重叠的关系。有立体的小鱼、贝壳、海星，还有平面的水草、珊瑚、沙地，重叠交错地制造出了一个平面上的三维立体式场景。而且他们把主人公设计成为可以活动的（通过磁铁），小朋友们既可以在立体的画面中随意摆放，也可以拿在手上，吸附在各种地方。

3. 设计总结

这次设计给予他们的锻炼是全方位的，一个从无到有的玩具书，倾注无限的想象力、动手力、调查性。从与小朋友的接触中发现小朋

友超乎寻常的想象力和探索性。

一本好的玩具书不只能让小朋友翻看,更要给予他们想象和探索的空间。对于玩具书的形式更是不能拘泥,要打开脑洞,同时也能打开小朋友认识世界的想象力。

图 5-15 制作过程 1

图 5-16 制作过程 2

图 5-17 制作过程 3

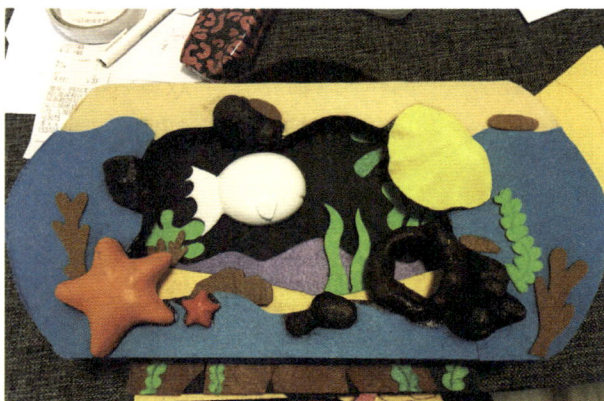

图 5-18 制作过程 4

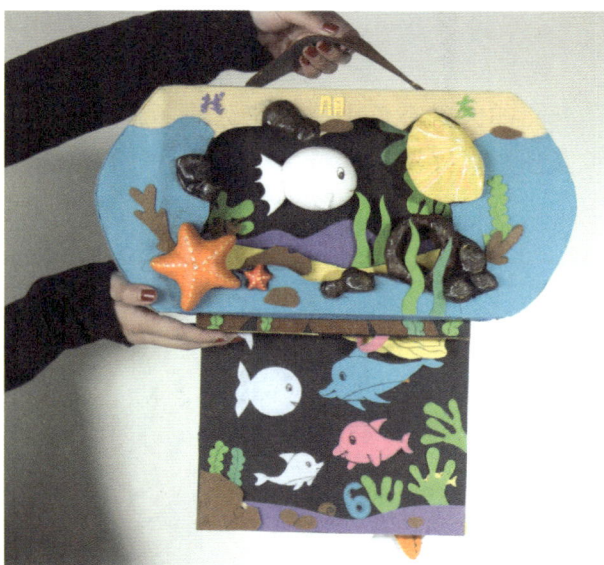

图 5-19 完整作品效果

(设计:江玥、王超宇)

（五）《端午节游戏书》

1. 基本内容

对象：4～5岁

2. 对象分析

（1）认知特点

认知认识8～10种颜色（红、黄、绿、蓝、黑、白、棕、紫、橙、灰）；会照示例画三角形、梯形；画人的4～8个部位；会将2个三角形拼成一个长方形；会倒数10～1；会5以内数的加法；能找出图片中残缺部分；会画格子迷津；能认识钱币（6张图片可以找对4张）；分清高矮、胖瘦、粗细、厚薄、宽窄；分清左右。

（2）行为特点

乐意与人交谈，喜欢听故事、看图书，理解内容，有初步的学习能力；自信，喜欢当众讲话，自我表达较为清晰。主动参与各项活动，互相帮助，乐于助人。思维主要以具体形象性思维为主。有强烈的好奇心，有求知力和动手能力。存在较为明显的个体性差异。喜欢以自己的方式表现和创造。发展智力，学习语言的时期。

3. 过程构思

《益智天空迷宫》本来是想做一系列关于节日的迷宫益智游戏，所以就做了关于元宵节的主题。主要材料是泡沫纸、卡纸。围绕赏花灯、吃汤圆、观舞狮、猜灯谜一路走下去，让小孩子可以深刻了解到元宵节到底是什么，包含了哪些东西。

图5-20　元宵节设计小样

4. 设计反馈

采访了几个喜欢这个作品的小孩子，发现小孩子的想象力实在丰富，他们似乎都会自动把所看到的图形与他们所喜欢的食物联系起来。一开始没讲解他们并不会玩，自己在胡乱玩，后来说了一下方向上大概有些了解。

我："你为什么喜欢它呀？"

小朋友："我喜欢玩，这里走走就可以看到一个大垃圾桶和一个大章鱼，要绕开这里；有些地方走走就会掉进水里淹死的（都是小朋友自己想象出来的）。"

我："这里拦着了，不可以走呀。"

小朋友："不，这里是斑马线，我们可以走过去的。"

……

小朋友的想象力给之后的方案提供了很多空间。

从孩子们的喜好来看，他们会更喜欢可玩性较强的玩具书。

纸张被织布所代替，这样可以减少损坏，增加耐用性。在设计中多加些可爱的图案，增加趣味性。主要以好玩、耐用为制作中心。

5. 设计改进

经过之前的一系列实验、总结，从多方面考虑，他们做了一个比较综合的具体方案。开始他们设计了三个方案，因为材料没到，所以并没实施。后来继续了节日的主题，最终设定为端午节，添加了些许节日元素。

想做一个可玩性强又不易损坏的玩具书，但是他们最终还是想从中给小朋友们普及一些科学知识。初定端午节主题时，本来想做一个大游戏，怕游戏过于单调，就做了一个由几个小游戏组成的大游戏书。为了让小孩子更好地了解端午的概念和游戏的玩法，还配了一本说明书。

6. 设计总结

从刚开始接触玩具书的时候，他们都很疑惑，不知该如何下手。在市场调查的时候，大概知道了制作的方向和所喜好的事物；在搜索资料的时候，也了解了一些孩子所偏好的内容。

初次做方案的时候，时间很紧张，他们做了几个方案都不是特满意。最后敲定了两个，拿去幼儿园给小朋友们过关的时候，还担心他们玩不来，但最后呈现的效果还挺不错的。看了别的组员做的方案和小孩子们的反应，他们明确了方向。

因为他们都不是科班出身，做些手工的东西总有些笨手笨脚的，意见不合的时候也有些心累，但是小伙伴人很不错，尽职尽责，动手能力也很到位，就算有些小摩擦，也会立马化解，调整想法。

通过这次合作我学到了不少，主要是从小伙伴的身上发现了很多值得学习的地方。因为专业不同，所以我们各方面所拥有的知识储备也不同，更方便我吸收他们的知识储备和所了解到的专业内容。

在最后一次制作的时候，虽然花费了我们不少时间，但有很多地方我们也没有做到尽善尽美，有些老师的建议，也没调整到最好的方案，但是最终出成品的时候还是很开心，带去给小孩子们玩的时间也十分有限，但从整体反应来看，还是不错。

（设计：陈璐、舒婷）

（六）《小老鼠找奶酪》

1. 方案构想

书籍呈现方式是展开后首尾页相叠，360°站立放置，页与页之间有"隧道"和"滑梯"连接。

选用较大尺寸，让幼儿跳脱出平常书的概念的限制，可以坐着、趴着、绕着圈玩，更具互动性。

故事性：以小老鼠找奶酪为故事蓝本，参照经典儿童剧情套路《小蝌蚪找妈妈》故事书，明确主人公起点、终点，设置重重关卡，每个关卡为一页，简单又生动。

2. 设计反馈

发现小朋友被小老鼠和奶酪吸引，爱不释手；孩子们非常喜欢荡秋千的环节（原因也可能是小样太小了，其他关卡玩不开）；打消了之前的担心，孩子们都会按照我们设定的方式玩耍；其中没有完全干透的轻黏土老鼠小样被玩坏。

有的小朋友玩不到东西就会不说话，他们都想自己霸着玩，为抢玩具打架；小孩子喜欢玩具超过书；喜欢互动性强的内容；破坏性比较强。

3. 设计改进

多增加或放大互动性强的内容；改为可以多个小朋友围着玩的方式；改为明快鲜明的配色方案；加固质量。

图 5-21　小朋友在玩《小老鼠找奶酪》的结构样稿

图 5-22　演示给小朋友如何玩

图 5-23　《小老鼠找奶酪》作品图

（设计：石妮、张蹊洋）

（七）《zoo》

1. 基本内容

参考了市面上许多种类的玩具书之后，发现表现动物的比较有趣，孩子们也比较感兴趣，据此选择了动物园的主题。

在表现形式上，选择了能够带来视觉冲击和新鲜感受的立体结构，以及可以带给孩子们触觉体验的布料图案。在初次幼儿园体验结束后，考虑到互动性不足的缺点，在后期的设计制作中加入了配饰更换的环节，以提升整本书的可玩性。

封面主体采用纸艺制作，用纯色不织布作为封面材料，附赠手工做的小动物别针。书本的第一页采用小巴士进入动物园来表示动物园参观之旅的开始，整页用不织布缝制而成，并用小袋子配以本书的说明。

2. 制作过程

孔雀—鳄鱼—豹子—鲸鱼—斑马—小鸡。

孔雀由绘画、纸艺、孔雀毛三部分组成。鳄鱼由可以弹起的头部和不织布制作的身体构成。

豹子和鲸鱼都经历了一次调整，豹子起初做成了翻翻卡的形式，将豹子翻起里面是老虎。但考虑到可能会造成小朋友的概念混淆，将翻翻卡取消，换成了采用魔术贴的形式给豹子更换五官。

鲸鱼则是将原本设计的喷水形式改成了从背后抽出一个小岛，显得更加可爱，也能表现鲸鱼体形的巨大；小鸡更改了颜色，采用了更加柔软的布料；斑马使用斑马条纹布表现，添加了更换配饰的部分。

3. 设计构思

这本书的名字叫作《ZOO》，是一本以动物园为主题介绍动物的玩具书。我们选择了6种动物进行设计制作，分别是孔雀、鳄鱼、豹子、斑马、小鸡和鲸鱼。

图5-24 《ZOO》封面、内页

这6种动物各自都拥有明确的特征，并且也非常受小朋友的喜爱。我们针对每种动物不同的特征制作了这本书。通过运用多种不同的材料和方式来表现出孔雀鲜艳的尾巴、鳄鱼锋利的牙齿、小鸡尖尖的嘴巴、豹子和斑马独特的皮毛花纹，以及鲸鱼庞大的体形。

书中添加了可以让小朋友们动手更换的部件以提升书的可玩性，也利用了立体结构去抓住小朋友的眼球，在表现孔雀开屏时使用真的孔雀毛也能更加直观地让小朋友们了解孔雀，同时采用了独特花纹的柔软布料让小朋友们得到触觉体验。

我们希望通过阅读这本书，小朋友们可以认识到书中动物的特征，在动手中加深印象，并且希望这本书可以激起小朋友们对动物的兴趣，让他们了解动物，热爱动物。

4. 设计反馈

在初次幼儿园体验结束后，考虑到互动性不足的缺点，在后期的设计制作中加入了配饰更换的环节以提升整本书的可玩性。

在课程中了解了儿童读物以及4～5岁儿童的阅读兴趣，也积累了制作书籍的新的体验。但是也有很多不足，比如在制作时还是没有考虑到多人共同阅读时怎么达到平衡，在作品完成后的实践中发生了有个别小朋友看不到书的情况。

（设计：王诗婷、张伊琳）

（八）《Play together》

1. 设计构思

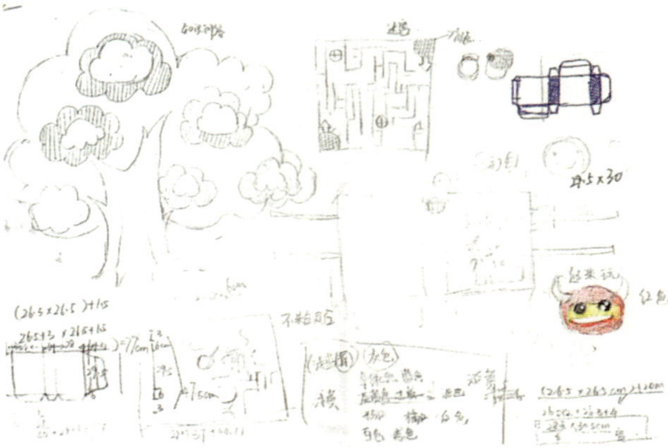

图 5-25　《Play together》草图

市面上有很多这种粘贴玩具，很有趣，大多都是随着孩子的兴趣去玩耍，这种玩具大多使用一两次就不能玩了。如果能够在玩粘贴玩具的同时传递一些知识信息，既有可玩性，又有学习性，一举两得。而且用服装上面的魔术贴替代胶水，就使得粘贴玩具可以重复使用。通过亲子或师生的互动参与，来实现幼儿教育的互动性与趣味性。

2. 基本内容

内容：暂定5～8页。

材料：布料选择时颜色要丰富。

工具：包含剪刀、针线、粘贴布、胶水等。

游戏：有飞行棋、拼贴画、脑筋急转弯等。

3. 设计体验

（1）第一页　图形识别

说明：通过方圆物体来让幼儿识别，大人在旁边讲解引导。

在与小朋友互动当中，小朋友积极参与了我的设计，自己感觉还是很自豪的，很珍惜这次互动，令人难忘。整个过程是很美好的，但是同时也让我体会很多。针对自己的作品，总结如下几点。

①互动体验

能够让家长参与到孩子活动中，增加交流，培养感情；内容具有故事性，可以让孩子按照游戏规则玩，也可以让他们自由发挥，给孩子留下了空间。

②设计反馈

是布面玩具书，所以具有一定的耐用性，而且柔软，不易受到伤害。

这类设计有些过于平面化，不是很吸引孩子；游戏规则稍有些单一。

③设计改进

可以突破平面的东西，做些立体形态强烈的小配件；游戏内容可多样性，真正做成既能够粘贴，又能够学习东西的玩具书；在色彩上面可以加大颜色的丰富性，吸引孩子的注意。

图 5-26　《Play together》封面设计

（2）第二页　国旗识别

说明：在众多国家国旗中教育少儿认识中国国旗。

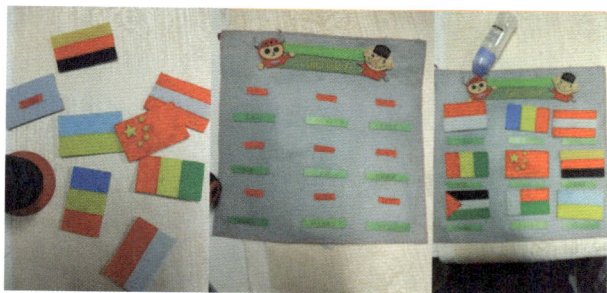

图 5-27　《Play together》制作过程

（3）第三页　开动大脑

说明：苹果树各个部分的颜色区分，每棵苹果下有独立的问题提问，幼儿选定苹果，大人打开苹果下的提问让幼儿猜。

（4）第四页　走迷宫

说明：谁先到达终点谁就胜利，其中遇到小洞的时候必须按照规则进行。

图 5-28　《走迷宫》

（5）第五页　飞行棋

说明：转动骰子，控制棋子飞行，识别颜色。

4. 设计说明

这次的玩具书设计最基础的灵感来源于小朋友玩的换装游戏。以换装游戏为基础，增添了很多小的游戏，它们都像换装游戏一样具有粘贴的功能。在每页游戏的内容上面，我们插入了小时候玩过的经典游戏——迷宫和飞行棋。在认知方面，我们插入了趣味问题，以及国旗识别图形归纳，构成一本书。在考虑到小朋友如何玩耍时有两点：第一，在大人的陪同下，可以根据每页的游戏卡上的游戏方式，根据规则，一起玩耍，而且有很大的可玩性和持久性。第二，如果是小孩自己玩耍，那可以根据他们自己的想象去玩，在每页上面有很多小的配件都可以拿下来，魔术贴之间可以相互粘贴。而且每个小的配件制作可爱，颜色鲜艳，也是希望能够吸引他们。在迷宫页面上，我们作了掏小洞的设计，也是希望他们可以不按照游戏规则，自由玩耍。

整本书的联系性上，我们由两个方面去表现。一是制作上面的统一，手工缝线、包边；二是每页上面都使用共同的两个玩偶作为装饰，成为伙伴，产生故事内容。

在材料上面，我们选用彩色的无纺布，这样满足我们对颜色的需求，也满足我们后面用针制作的特点。

在制作上面，我们用的是手工制作，正好可以发挥自己的专业特长，而且可以让游戏书更加有看点，将每个地方都精细化。再加上魔术贴，整本书，包括包装保持风格一致。

5. 设计总结

本次课程感觉收获挺大的，同时也证明了自己，能够在短短几周做出这么多的东西，而且第一次把自己做的东西投入使用，这是一次非常难得的机会，感觉也很珍贵。

针对自己所做的东西也有一些不足的地方。作品的形式感稍显偏弱，创造性的思维没有体现出来；魔术贴与胶棒材质结合牢固性偏弱，使得魔术贴自己脱落；在考虑儿童自己玩的方面稍欠缺，小朋友无法体会到游戏本身的趣味。

（设计：王江利、程思棚）

（九）《便便是怎么来的》

1. 选题内容

（1）初定情节

我是一坨便便，虽然我的气味闻起来令人有点不愉悦，但我可以作为庄稼地的有机肥料。很多小朋友都很想知道便便是怎么形成的，今天，我就给大家讲讲食物在人体的旅程吧。

早餐，丁丁洗漱好之后，坐在餐桌旁，准备吃早餐了。妈妈准备了鸡蛋、玉米、苹果、豆浆、炒饭，都是一些营养丰富的食物，丁丁坐下来大口吃了起来。一颗小玉米粒不想被锋利的牙齿咬到，在食物中左躲右闪，看着其他食物被牙齿咀嚼粉碎。厚厚的舌头不断转动，小玉米粒突然觉得自己浑身湿湿的，不知从哪里来的一股水流，将食物们包起来。（牙齿的作用是咀嚼食物，门齿负责将食物切割成小块，犬齿负责撕碎肉等坚韧的食物，臼齿负责将食物磨碎。）

食物被磨得差不多了，牙齿停止了活动，小玉米粒和粉碎的食物一起，嗖的一下随水流向下滑落。它们来到了一条又细又长的食道里，食道不停地蠕动着，食物不断往下落。小玉米粒吓得魂飞魄散，想要抓住食道壁，但失败了。小玉米粒和其他食物一起，掉进了一个巨大的空间里，这是长得像口袋一样的胃，胃壁长满了褶皱。胃不断收缩、扩张，还产生了一些胃液。胃液使食物溶化，食物变成跟粥一样的糊糊状了。（胃液是位于胃壁上的胃腺分泌的消化液，能够消化食物。）

小玉米粒和变成粥状的食物，突然通过一扇打开的门开始下坠，被胃液溶化的食物进入小肠的入口，也就是十二指肠。小玉米粒在通过十二指肠的瞬间，身上沾满了胆囊和胰腺分

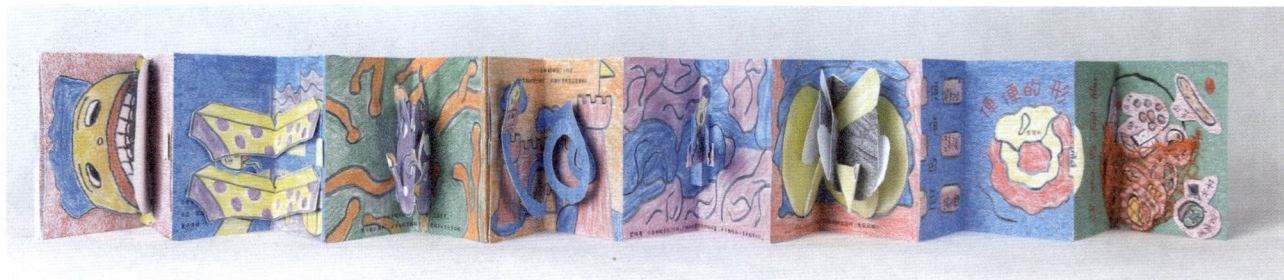

图 5-29 《便便是怎么来的》展开图

泌出的消化液——胆汁、胰液。（胆囊贮存胆汁，当人吃下食物后，胆汁才从胆囊内大量排出至十二指肠，参与食物的消化和吸收。）

经过十二指肠后，小玉米粒发现其他食物已经变成了液体。它们进入了细长窄小的小肠中，小肠中长满了凹凸不平的小绒毛，时刻不停地蠕动着。与消化液混在一起的食物被磨得更碎了。

小玉米粒在小肠内慢慢前进，小肠中的绒毛不断吸收着食物中的营养，被吸收了营养的食物，开始变得干巴巴的了。小玉米粒通过了好几道弯弯曲曲的隧道，都有点绕晕了。（如果将弯弯曲曲的小肠伸直，长度大概 6 米，占据了腹部中大部分的位置）。

终于绕出小肠了，小玉米粒来到了一个比小肠宽敞得多的地方——大肠。大肠内住着许多大肠杆菌，它们将进入大肠中的食物残渣破坏成更小的颗粒。大肠开始吸收水分了，食物残渣慢慢变得干燥。营养和水分都被吸收完的食物残渣，聚集在大肠的末端。经过了长途跋涉的小玉米粒已经完全没有力气了，疲惫地混在食物残渣中。"噗——"，小玉米粒被放屁的声音吓了一跳。

第二天，丁丁觉得自己肚子胀胀的，他跑到卫生间，解开裤子，坐在马桶上，丁丁腹部不断用力，食物残渣排出来了。

小玉米粒和食物残渣一起被排出来了，就这样，在丁丁身体里转来转去的小玉米粒，终于结束了漫长的旅行。

小朋友们，现在你们了解食物的消化过程了吗？吃饭的时候一定要营养均衡，细嚼慢咽，这样有利于消化哦。

（2）内容修订

你好呀，我是一颗小玉米粒，含有丰富的营养。今天，丁丁的妈妈把我和小伙伴们做成了香喷喷的早餐。

丁丁的牙齿真厉害，一下子就把我的小伙伴们咀嚼得粉碎，我害怕得左躲右闪。（牙齿的作用是咀嚼食物。）

厚厚的舌头不停地转动，突然间一股水流把我们全身包围起来，嗖的一下，我们就随水流向下滑落，挤入了一个细细长长的通道里，原来这就是食道啊。食道壁很薄，我想抓住食道壁，但是失败了。

我和小伙伴们掉进了一个巨大的口袋里，这就是胃。胃壁长满了褶皱，并不停地收缩、扩张，还下起了"酸雨"。我们不停地转呀转、磨呀磨，变成粥一样的糊糊状了。（胃液是位于胃壁上的胃腺分泌的消化液，能够消化食物。）

不一会儿我们来到了小肠的家里，它的家弯弯曲曲，有 5～7 米长，上面还有许多绒毛。

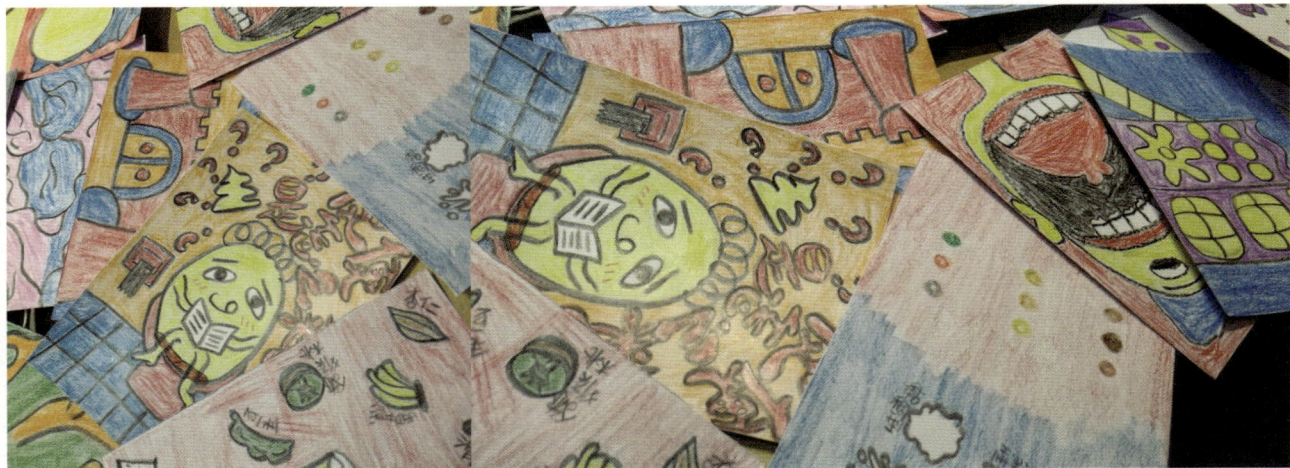

图 5-30   《便便是怎么来的》制作过程

它家还有一扇小门，大部分营养都在这里被吸收。小肠告诉我们，被吸收的营养从这个门出去就可以让丁丁长高，给丁丁力量。

离开小肠后，我们进入了比小肠宽敞很多的地方——大肠。大肠内住着许多大肠杆菌，它们将我们破换成更小的颗粒，并吸收我们的水分和营养。经过长途跋涉，我们已经没有力气了，疲惫地停在大肠底部。

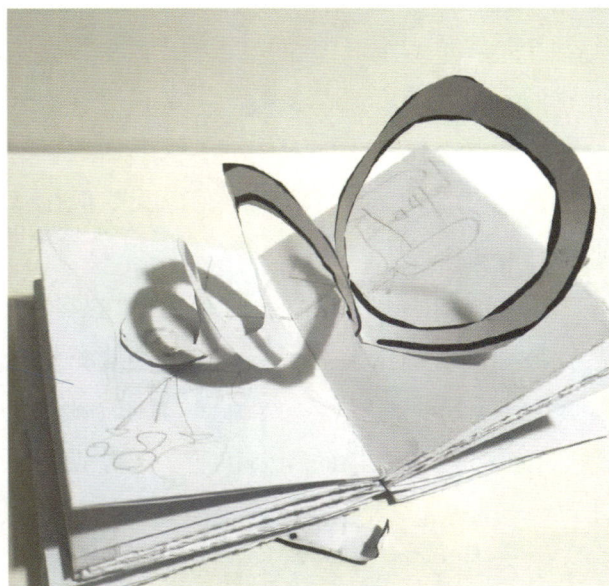

图 5-31   《便便是怎么来的》草图打样

过了会儿，丁丁觉得自己肚子胀胀的，赶紧跑到卫生间，坐在马桶上。丁丁腹部不断用力，把疲惫的我们排出来啦！于是，我们有了另一个名字——便便（便便的正确坐姿：正视前方，下巴稍稍往上扬，背部挺直，手轻握拳放在膝盖上）。

唰的一声，我们就经过排水管进入了净水厂，接受污水处理。大约80%的便便会变成水，一部分流入海里，其余作为工厂用水（在以前，我们排出的便便会由微生物分解，再归还植物）。其实便便是身体的一部分，便便是否健康直接关系到身体健不健康。便便也有各种各样的颜色和形状（左形右色）。

书翻页形式：风琴折形式

书尺寸：A5

内容上，由原先设计的便便流入大海、灌溉农田变为便便的色与形；由原先冰箱承载健康的食物改为箩筐；在文字上进行了大量的缩减。

2. 作品说明

此次的儿童立体书设计是针对 3 ～ 4 岁儿

童身心发展中思考的问题"便便是怎么来的"为题进行设计。在设计过程中，以小玉米粒为主角进行故事的展开，故事主要基线是小玉米粒从嘴巴到食道，到胃，到小肠、大肠，最后变成便便。

在立体书的插画材料上，运用的是儿童蜡笔，画风轻快。这样的画风和笔触更能吸引小孩。

在立体书的机关上，基本每个跨页的机关都与该器官相关：嘴巴咀嚼运用了上下移动机关，食道的细长也为了移动，胃里布满了胃液，小肠有镜像作用以体现 12 米长，大肠重吸收水分，等等。

在立体书插画图形上将每个器官比作游乐场，如嘴巴里有水果机，食道是滑滑梯，胃是恐怖森林，小肠是过山车，大肠是跷跷板。

作者希望这本有趣的立体书，能在科普便便怎么来的知识的同时，也带给小孩子欢乐。

图 5-32　《便便是怎么来的》制作过程

在书的编辑上，需要多了解受众，并用受众的语言去叙述；在书的材料上，也有许多的选择，不一定要局限于传统纸质，也不一定需要印刷才能表达想法。

（设计：陈泱燕、钟粤妙）

（十）《A STORY BOOK》

这是一件比较典型的玩具书案例，用娃娃机的游戏规则和扭蛋去构建这本书的内容。整个包装的结构就是盒装的形态。本书的内容主要在扭蛋里面，扭蛋里面装着很多用轻黏土制作的公仔等角色，让观者玩扭蛋的过程，得到随机的角色，自己根据角色进行故事的创造与构建。

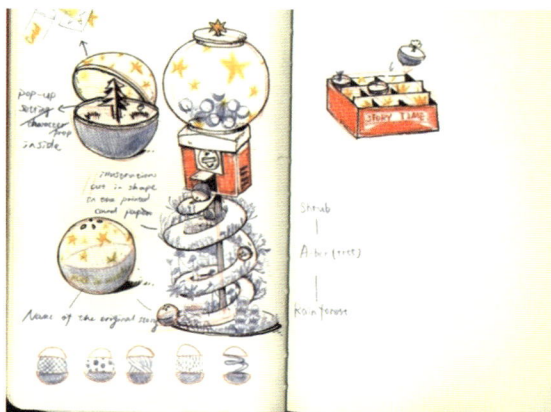

图 5-33　《A STORY BOOK》草图

图 5-34　《A STORY BOOK》

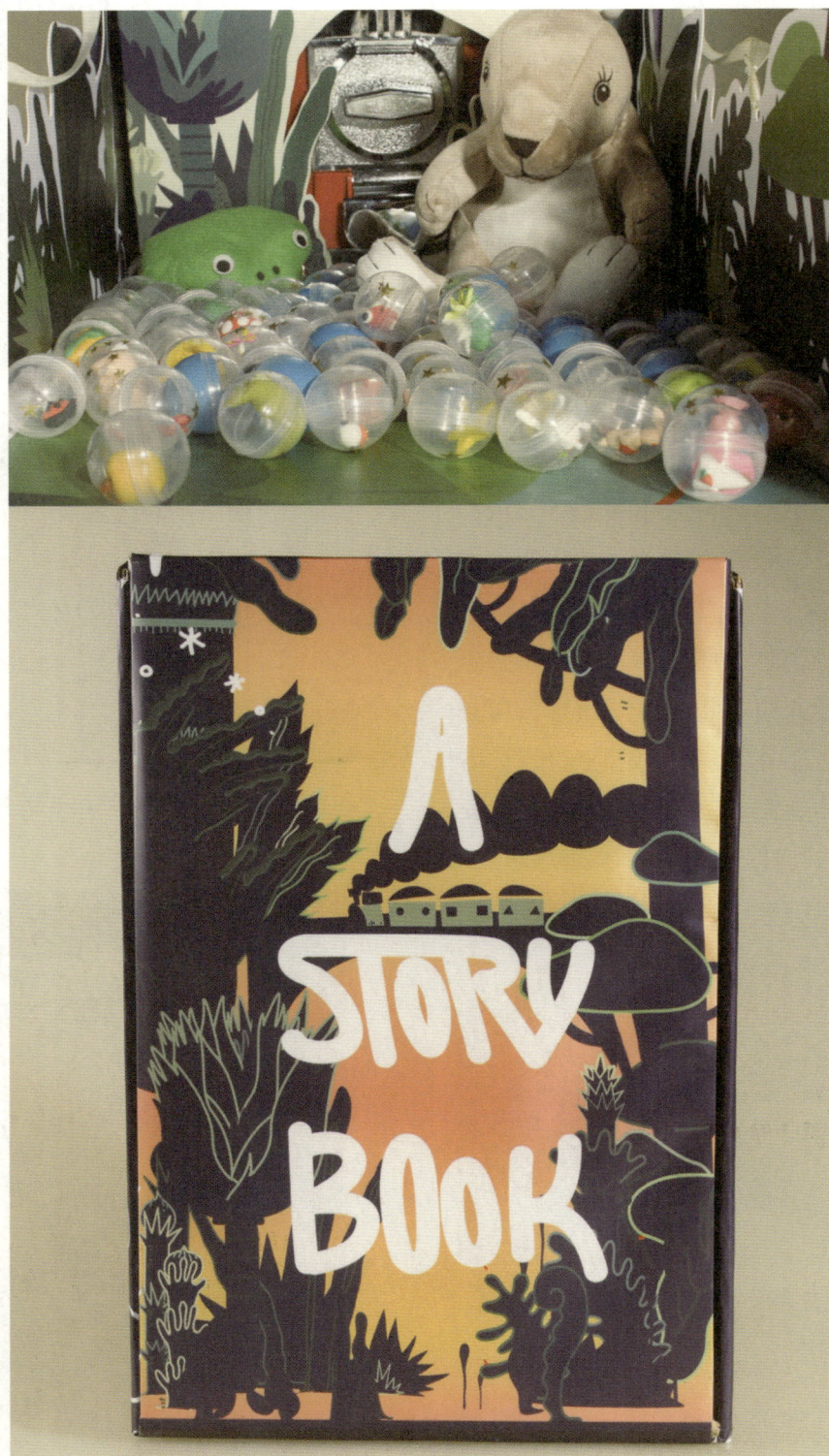

图 5-35 《A STORY BOOK》

（设计：李柚）

（十一）《向日葵》

这是一件由作者自编自导的玩具书，从一个礼物到种子的发芽、成长、开花、结果，将整个过程用彩铅的视觉形象和立体的中心结构，整本书在玩的过程中，学习了自然植物的生长过程。让儿童在互动游戏中感知和认识生命的成长过程。本书是一本非常有趣的玩具书。

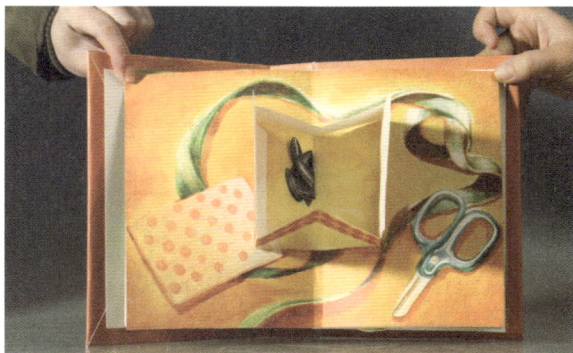

图 5-37　《向日葵》内页 2

图 5-36　《向日葵》内页 1

图 5-38　《向日葵》内页 3

图 5-39　《向日葵》封面封底

（设计：李伟雄）

（十二）《Cake House》

作者将蛋糕屋作为玩具书的主题，从开车采购原材料，结账到家进行制作，将烘焙的过程解构到多个步骤，每一个步骤分解成可以互动的配件，用粘贴和组合的方式。

图 5-40　《Cake House》封面

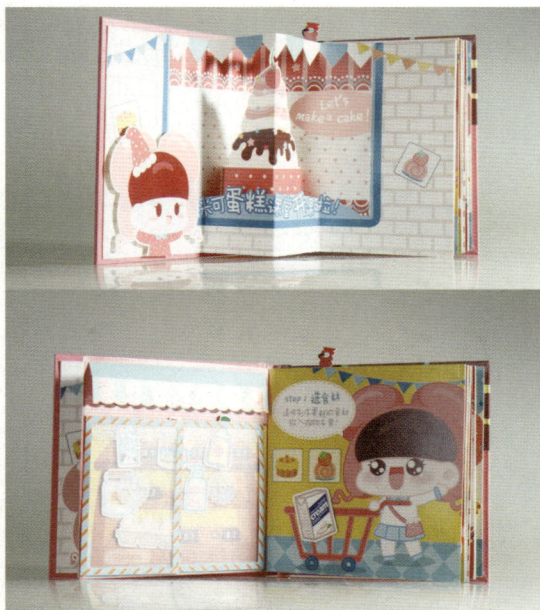

图 5-41　《Cake House》内页 1

本书采用磁贴作为主要互动性的工具，小朋友可以把带有图案的磁贴摘下来贴到应该贴的位置。本页为去超市选购制作蛋糕的食材，把需要的东西放在购物车里。为购买的东西付钱，金币可从钱包里拿出来贴到抽屉里。

图 5-42　《Cake House》内页 2

下厨前先换一套适合去厨房的衣服。

图 5-43　《Cake House》内页 3

把调好的蛋糕粉端进微波炉里加热。

图 5-44　《Cake House》内页 4

有了音乐插件，带给小朋友不只是视觉上的乐趣，更有听觉上的体验！

（设计：任茜）

（十三）《香港系列》

选题：香港旅游景点科普

①旺角：是香港的平民生活区，也是购物天堂和美食天堂，夜晚的霓虹灯牌是香港的一大特点。

②大屿山大澳渔村：大澳渔村被称为东方威尼斯，棚户是那儿的特色建筑，设有许多海边茶座，还能乘船出海看白海豚。

构思：表现方式：地板书＋立体书

图 5-45　《走进香港》系列

图 5-46　色彩尝试草图

图 5-47   设计草图

图 5-48   香港街景线稿

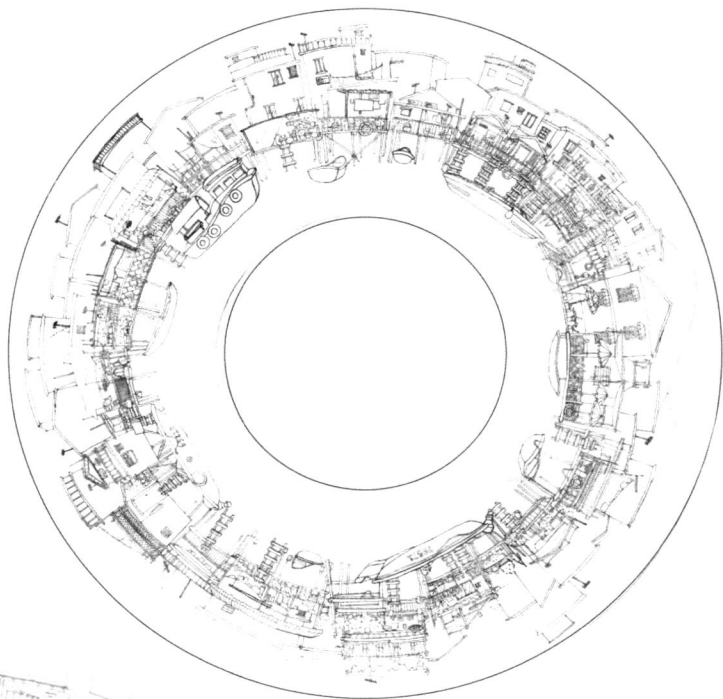

图 5-49　《走进香港—大澳渔村》线稿

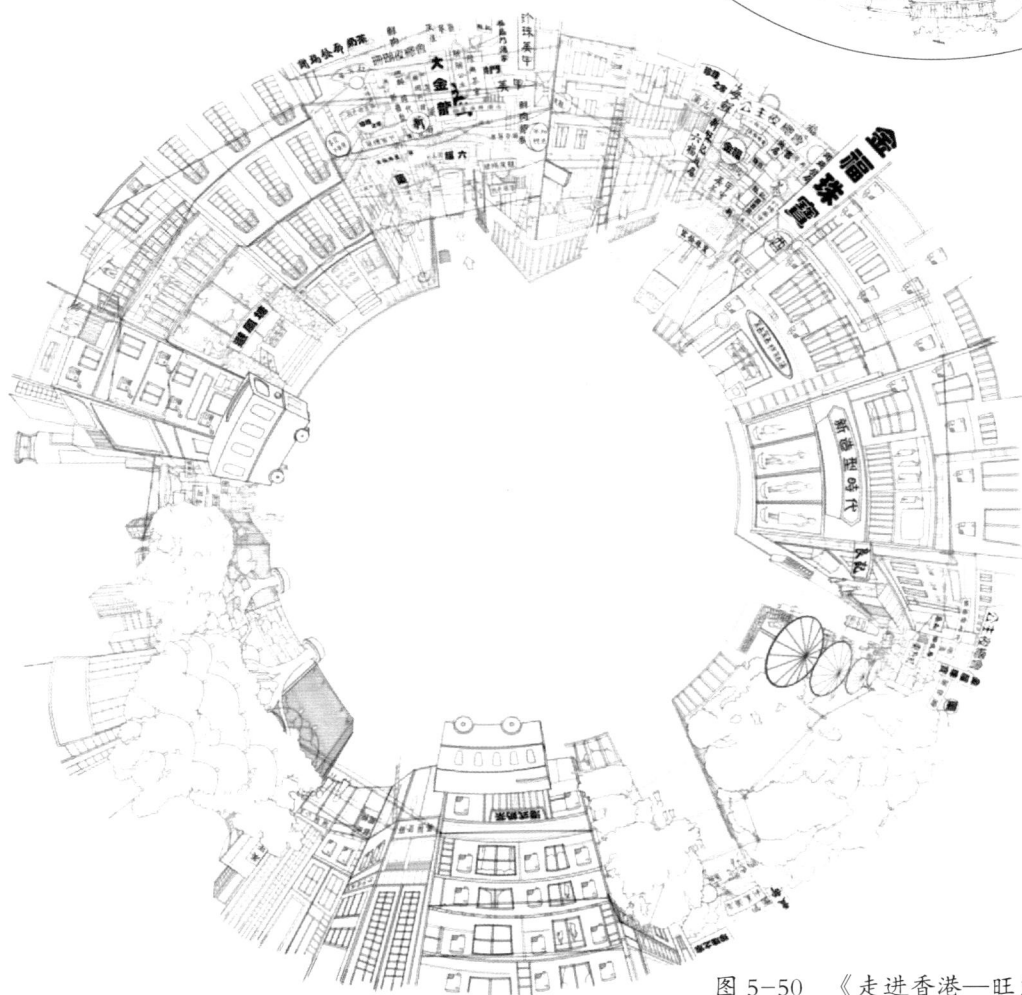

图 5-50　《走进香港—旺角》线稿

图 5-51   《走进香港—大澳渔村》展开图

图 5-53   《走进香港—大澳渔村》内页 1

图 5-54   《走进香港—大澳渔村》内页 2

图 5-52   《走进香港—旺角》展开图

图 5-55   《走进香港—旺角》内页 1

图 5-56   《走进香港—旺角》内页 2

制作过程

8 个折页，通过装帧布连接。

图 5-57　制作过程 1

图 5-58　制作过程 2

图 5-59　制作过程 3

图 5-60　制作过程 4

图 5-61 《走进香港—旺角》实物图

设计说明

《走进香港》系列的地板书选取了旺角和大澳渔村两个截然不同的景点，来呈现香港这个城市不同的面貌。

形式上采用了环形的结构，尺寸为外圆半径 57 厘米，内圆半径 23 厘米，还加入了立体的结构。

较大的尺寸和特殊的形状为的是给小孩子营造一个"巨人"的视角，对旺角和大澳渔村这两个景点能有特殊的体验。

图 5-62 《走进香港—大澳渔村》实物图

（设计：麦扬、梁淑怡）

（十四）《汉堡包》

这件作品是小朋友很喜欢的题材，没有哪个小朋友不喜欢汉堡包。作品将书做成了汉堡包的形态，打开后的每样食材都是用立体结构去再现的。

图 5-63 《汉堡包》外观

1. 构思过程

对玩具书的概念其实是模糊的，其中一张毛绒玩具的图片让我印象深刻，众多纸质抑或塑胶制品令我更加愿意去触碰了解翻阅，最后选定的材料是布料，柔软的布料。脑子里想到的是圆润、柔软，一个汉堡包的雏形跳了出来。

3～6岁的孩子掌握东西还是从颜色、形状入手，对于文字或者说符号化的文字还是没有较为成熟的意识去认知。

选用汉堡包形象是因为在日常生活中接触到这款商品的机会其实蛮大的，电视广告、街头海报里经常会遇到，以汉堡包为外形做一本玩具书相信能吸引到孩子。

2. 方案过程

这本玩具书的内容是介绍汉堡包，每一层的材料（单个配件）会对相应的食材进行介绍，同时在颜色和材质上作出相应搭配和调试，从

视觉和触感上给孩子带来新的感受，同时也培养孩子的动手能力。

材料的选用上选择了布料，并且选用多种不同材质的布料。选择布为主料来做的很大一部分原因是不容易伤到孩子，我们身边有许多物件做了圆角处理，如手机边缘、桌椅边缘等，无疑是为了减少磕碰的伤害，而为了减少更多可能造成的伤害，我选用相对柔软的布料。

同时布料的颜色不会过分鲜艳，不会有较强反光，没有使用油墨印刷，并且不同材质的布料能给孩子带来丰富的触感，方便认知。

我在起初制作的时候都是从单件着手，在比对了一下大小比例之后选定了15厘米×15厘米的大小，在裁定布料后希望更好还原汉堡包的形象，我在两个"面包片"里加入了填充棉。

图 5-64 《汉堡包》草图 1

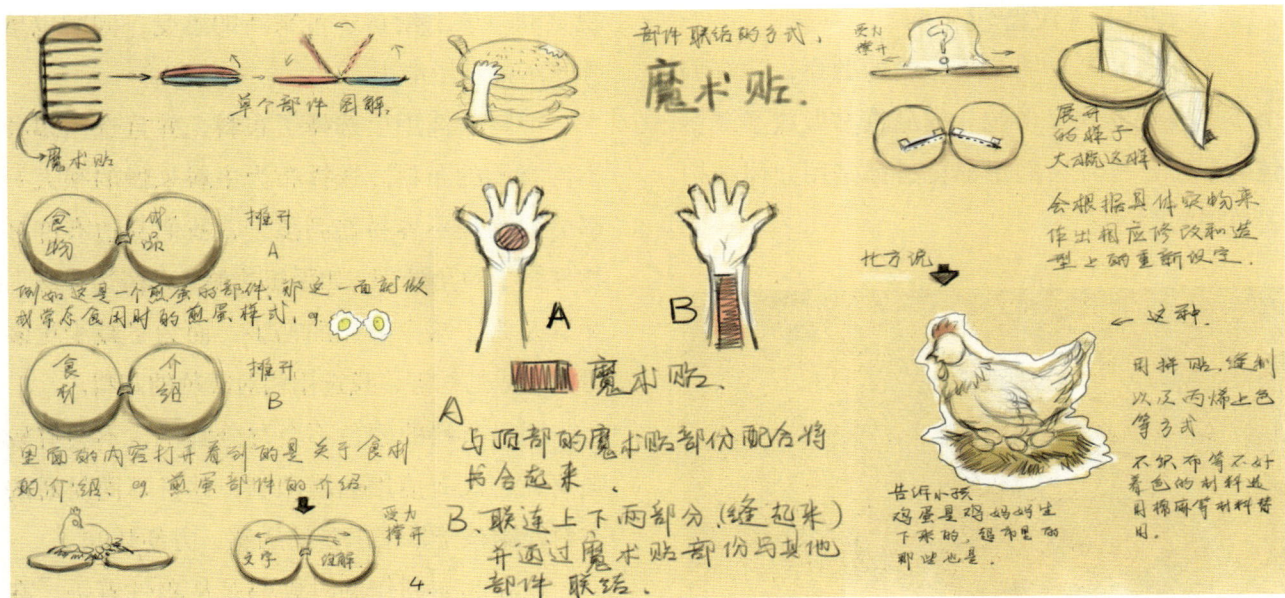

图 5-65　《汉堡包》草图 2

图 5-66　《汉堡包》打开效果

图 5-68　《汉堡包》内页制作过程 2

图 5-67　《汉堡包》内页制作过程 1

图 5-69　《汉堡包》内页制作过程 3

（设计：张健）

（十五）《交通工具》

《交通工具》是一本主体性非常强的玩具书，这本书是由一名男生单独完成，其构思比较巧妙，制作工艺比较精致，外形特征非常强。前期进行了思路整理以及设计草稿，列举了想到的交通工具、作品展现形式、所需的各种材料，以及玩具书制作的重点。

图 5-72　《交通工具》制作过程 2

图 5-70　《交通工具》方案草图

1. 制作过程

将设计的纸样和插画打印下来，进行排序、分类、设计，将前期的设计想法尽力地展现出来。

将做好的跨页进行排序整理，粘贴之后，减去多余的白边。同时，考虑厚度，增加了两根绑带，"交通工具"和轮子都设计成了可旋转的，配合灵活的眼睛，增加图书的趣味性和可爱感。

图 5-73　《交通工具》制作过程 3

图 5-71　《交通工具》制作过程 1

图 5-74　《交通工具》制作过程 4

图 5-75   《交通工具》制作过程 5

　　街道的重点是一条立体的公路，还有立体的学校、人物、汽车大巴，模拟出和同学春游的场景。

图 5-78   《交通工具》制作过程 8

　　左边有一个可以旋转的火车转盘，模拟火车进山洞的动态画面，右边有一个隐藏的立体的火车，最右侧还有一个隐藏的拼图。

图 5-76   《交通工具》制作过程 6

　　有层次感的热气球在棉花云的上方。

图 5-79   《交通工具》制作过程 9

　　立体的浪花围绕着一艘立体的轮船。

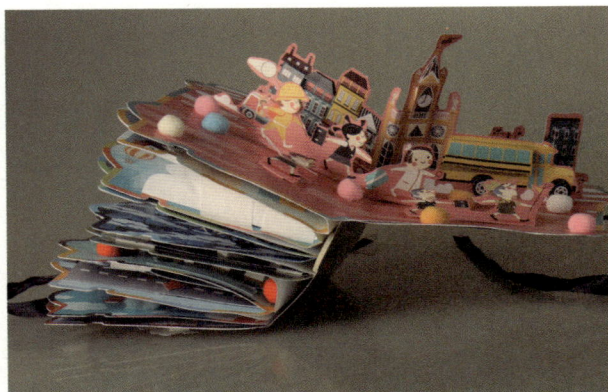

图 5-77   《交通工具》制作过程 7

图 5-80   《交通工具》制作过程 10

（设计：何海旭）

（十六）《Flower》

图 5-81 《Flower》效果

图 5-82 《Flower》内页

1. 前期调研

（1）访谈：中山实验第一幼儿园老师

Q：3～4岁小朋友的喜好？

A：这个年龄段的孩子，有亲近自然的天性，比起一些现代社会产物，他们更喜欢大自然。女孩子喜欢漂亮的花朵，男孩子对动物更感兴趣，总之是喜欢色彩鲜艳的东西。

Q：我们想选择做动物、花朵或者坚果的图鉴？

A：你们的想法，花朵女孩子会非常喜欢，动物也很好，会引起他们的兴趣，坚果也很新奇，但是我们在幼儿园上课或者玩游戏的时候不提倡吃东西，因为不卫生，而且不好维持秩序。

Q：什么样的游戏能抓住他们的眼睛，提高他们的兴趣？

A：不能一步到位，孩子有强大的好奇心，喜欢带有神秘色彩的事物，喜欢自己一步一步去发现，一层一层揭开答案，了解新的知识，玩的过程很重要。好奇心是每个孩子的天性。

（2）访谈：3岁小朋友的妈妈

Q：3～4岁小朋友喜欢在家玩儿还是室外的环境玩儿？

A：如果天气好，一般喜欢在室外玩儿。

Q：喜欢的颜色？

A：现在喜欢蓝色和粉色。喜欢鲜艳的颜色，不喜欢（咱们喜欢的）灰色系和粉色系。

Q：喜欢的食物？

A：喜欢肉食、巧克力、棒棒糖、冰激凌等。

Q：喜欢的动物？

A：小狗，可能是因为比较好接触，接触得多。

Q：妈妈对玩具书抱有什么期待吗？

A：我自己本身很喜欢，当然是希望有更多的形式，更有趣。内容上希望寓教于乐，健康乐观，对小朋友的成长有帮助。

（3）3～4岁幼儿玩具种类与特点

拼图玩具类：提高儿童的认知能力、分析能力、想象力，培养幼儿的成就感。

游戏玩具类：在提高儿童认知能力的基础上，培养孩子的动手、动脑能力，开发他们的思维，锻炼操作技巧和手眼协调的能力。

数字算盘文字类：在训练孩子镶嵌能力的同时，进行大动作的练习，训练幼儿的精细动作，启发孩子对形状、数、量的准确理解，进而锻炼肌肉的灵活性。

工具类：主要让儿童认识、掌握各种工具的形状、颜色和构造，在这一过程中训练孩子们的实际动手操作能力和手眼协调能力，开发想象力。

益智组合类：培养孩子的空间想象能力及精细动手操作能力，从而加深对时间、动物、交通工具和房屋形状、颜色等方面的理解。

积木类：激发孩子们的动手兴趣，培养幼儿合理组合搭配的意识和空间想象能力；巧妙的拖拉设计，锻炼儿童的行走能力，鼓励孩子的创作成就感。

交通玩具类：通过提高儿童对火车、汽车及各种工程车的构造的认知和了解，在此基础上训练其组装、拖拉和整理的能力，提高动手意识和生活自理能力，并通过拼搭了解物体之间的变换关系。

拖拉类：提高孩子的认知能力，根据不同的拖拉动物，了解各种动物的特点，锻炼他们在大范围内的行走能力。

拼板玩具类：由各种形状各异、内容丰富的拼板组成，在儿童对图形的组合、拆分、再组合有一定认知的基础上，锻炼独立思考的能力，同时培养他们的耐心和持之以恒的精神。

卡通玩偶类：父母忙碌时，需要一些陪伴儿童的娱乐型玩具，而造型可爱的卡通玩偶则是孩子们广为欢迎的。

2. 调研反馈

他们认为带着他们做的玩具书来到幼儿园做调研是很有意义的，可以更充分地认识到玩具书对于小朋友来说哪些是有趣的地方，哪些是理解困难或者不喜欢的地方。五组小朋友对于他们玩具书的兴趣有高有低，大部分小朋友都十分喜欢，特别是羊毛毡发卡。出乎我意料的是，不只是女生，男生也对花朵发卡特别感兴趣，这证实了最开始所了解到的3～4岁的小朋友不分男女都很喜欢大自然这一点。在给小朋友展示的时候他们发现布艺玩具书的确在牢固性与安全性上胜过纸质玩具书。想给小朋友传达知识的部分目的已经达到了，选取的花朵都是现实生活中较为常见的类型。介绍花朵的时候小朋友们的情绪很高，对于自己不熟悉的花朵也接受得很快。不过，这本玩具书的趣味性还是有所欠缺，虽然小朋友刚开始玩的时候很有兴趣，但是这种新鲜感的持久度不高。

因为一直很喜欢小朋友，早上抱着满心欢喜去幼儿园，他们也确实像一群小天使一样活泼可爱，有几次换组的时候有小朋友说不想让我走就想听我讲故事，感受到了孩子们的真心。小朋友的反应都是最直接和真实的，他们直接表达自己的喜好。而且对于孩子，不确定性太大，所以要做各种各样充足的准备。

在讲书的过程中，小朋友们对玩具比对书的兴趣大很多。

3. 设计构思

内容：玫瑰、向日葵、雏菊等常见花卉。

特点：既是图鉴又是花朵的发卡，实用性较强。对女孩子来说比较有吸引力。

具体方案：内页分为羊毛毡发卡、刺绣图案、花朵名称三个方面。

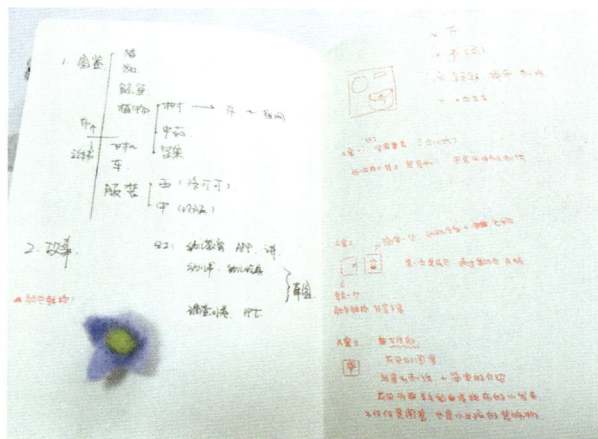

图 5-83　《Flower》构思 1

图 5-84　《Flower》构思 2

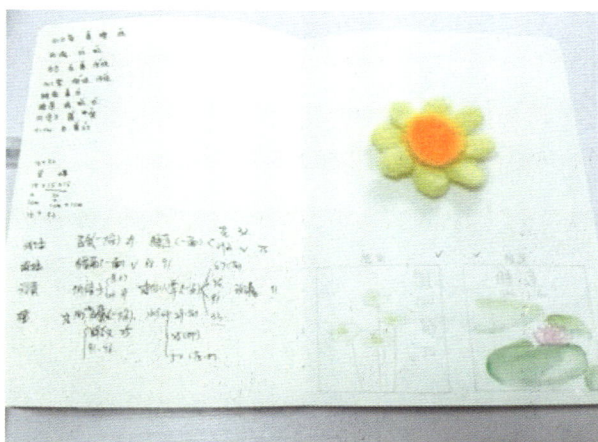

图 5-85　《Flower》构思 3

图 5-86　《Flower》构思 4

4. 设计制作

图 5-87　《Flower》花材料及形态

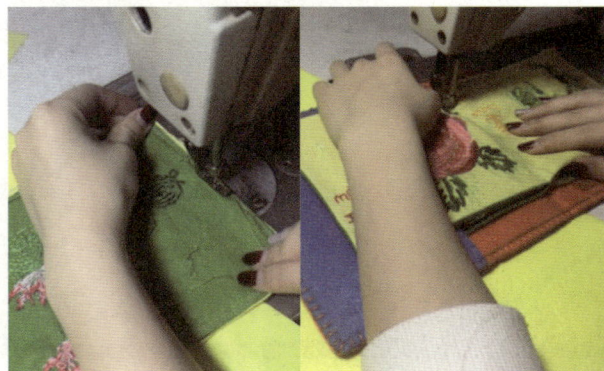

图 5-88　《Flower》花材料及形态

图 5-89 《Flower》封面草图

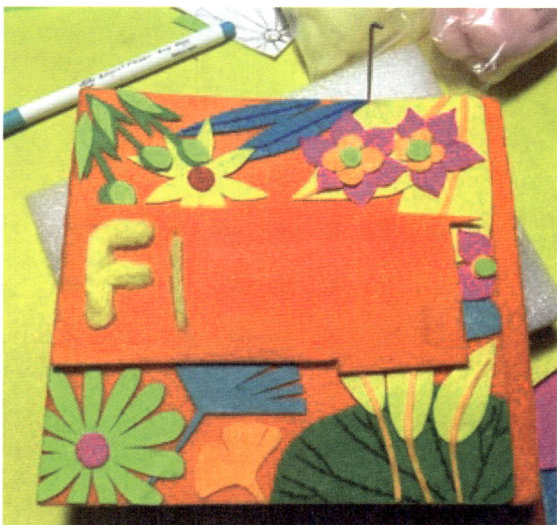

图 5-90 封面制作过程 1

图 5-91 封面制作过程 2

5. 设计总结

以前对于玩具书以及幼儿教育了解很肤浅，但经过课程的安排，进行调研（去方所书店、去咨询幼师等）之后，对这方面有了一定的了解与兴趣。两个人合作的方式，让想法变得很丰富，在多元化的观点下，通过交流，课题形式内容及各个方面也变得更客观和周到，他们也成了很好的朋友。关于玩具书，他们利用与自己专业相关的知识做了方案，选取尽量柔软的材料，减少小朋友被弄伤的可能性，也选用了很丰富鲜艳的颜色，加入了羊毛毡发卡，让小朋友感兴趣。虽然玩具书不足的地方也有许多，但他们尽了最大的努力去完善它。这次课题不仅学到了制作玩具书方面的知识，也是对一门专业的了解与一次能力的提升。

通过玩具书设计，打开了一扇新世界的大门。课题开始，他们进行调查分析和资料整理收集，慢慢对幼儿进行了解，才找到了适合的新选题，确定了书的形式和内容，真切地体会到了实践是检验真理的唯一标准。通过小组合作的形式，制作布艺书，更多地了解了工艺美术的专业知识。此次过程充实又美好。

（设计：田园、杨仲文）

（十七）《小丑马戏团》

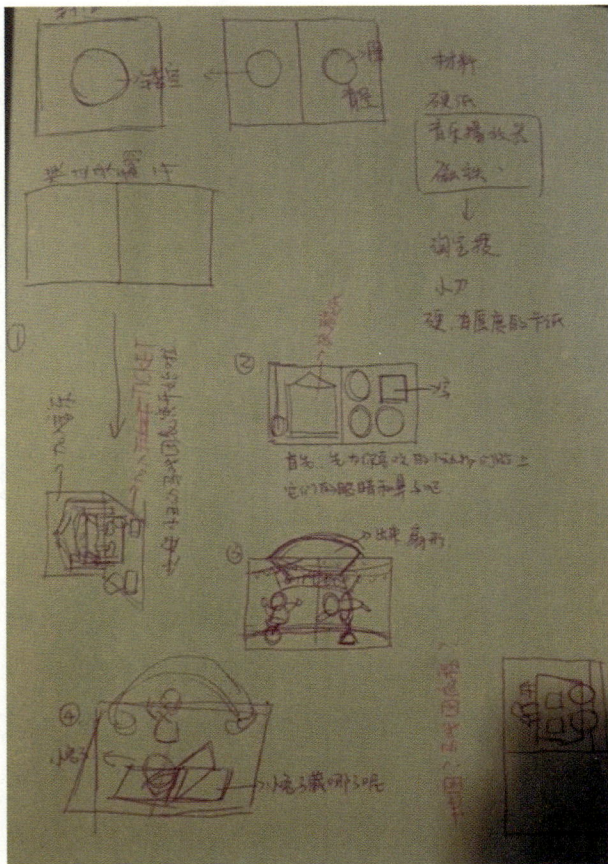

图 5-92　《小丑马戏团》草图

作品在反复考虑过后，决定使用"马戏团"的主题。因马戏团里糅合了许多轻松滑稽的元素，特别适合小朋友。且马戏团本身就是一个"搞笑"的符号，符合小朋友的游戏天性，能让小朋友不假思索便迎合而去。

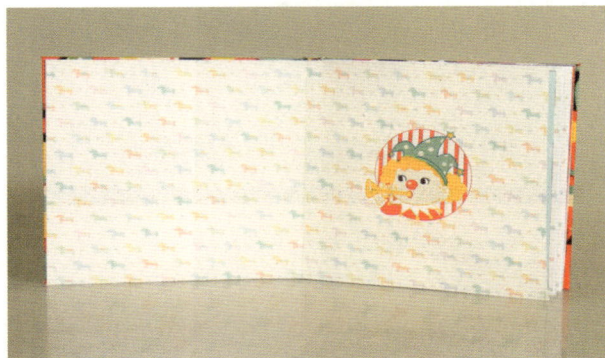

图 5-94　《小丑马戏团》扉页

在图案的选择上，尽量使用让人感到轻快的颜色，这符合幼童对色彩的偏好。小丑形象滑稽可爱，小朋友会很喜欢。

图 5-93　《小丑马戏团》封面

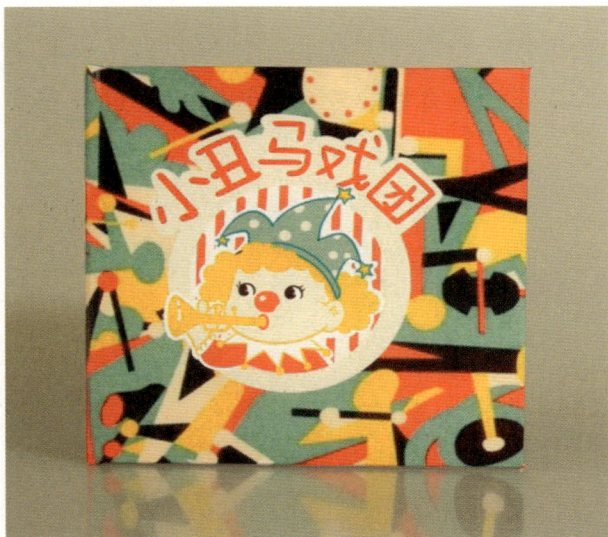

图 5-95　《小丑马戏团》内页 1

用立体的形式向孩子们介绍马戏团的观看流程，让他们身临其境地展开游戏。

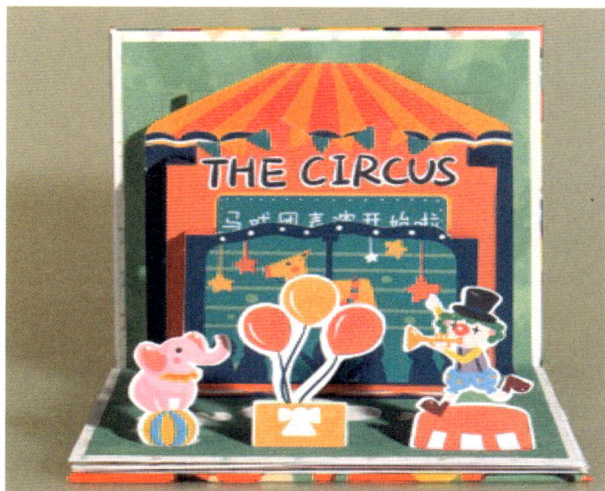

图 5-96　《小丑马戏团》内页 2

们做搭配。寓教于乐，符合我们的创意原则。

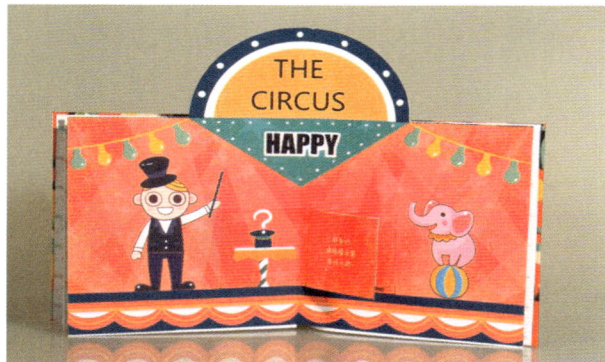

图 5-97　《小丑马戏团》内页 3

采用立体结构设计此书，会让书本身成为一个主体，非讲解人。因为小朋友们能与书中有层次感和立体感的图像产生互动。不仅是视觉上的体验，同时带入触觉，这样会让小朋友对事物有更深刻的印象。有层次感的设计也让小朋友对这本书的制作原理产生好奇。

吹喇叭的小丑再次出现，能够加强小朋友们对这一符号的记忆。运用磁铁能将道具脱离开来，以便让孩子们认识这些道具并试着给它

用磁铁将汽车轮胎从纸张上脱离，这样小朋友们便可再取下来玩耍并粘贴还原。

选题方面最后选定小丑为主题主要是为了迎合小朋友的审美，采用的元素和表现方式以及色调方面都考虑到了儿童读物的因素。但时间紧迫，故事的构架可能不是那么的严谨以及具有趣味性和互动性，纸张的选择也有待改善。

去幼儿园的调研也表明小孩子可能更喜欢大一点能参与进去的玩具书，所以故事的呈现方式和互动方式也有待创新。

图 5-98　《小丑马戏团》内页 4

（设计：徐卫、吴矗）

（十八）《狐狸与猎人》

1. 基本内容

材料：纸、棉线等

形式：折页 + 镂空雕刻 + 拼贴

页数：12 页

2. 选题

　　3～4 岁的幼儿此时已经有强烈的好奇心、表达欲以及初级审美的能力，鉴于市场上多数儿童书的主要功能是"寓教于乐"，并没有太多主打"培养审美"的图书，于是本次制作的主要目的是在 3～4 岁的阶段，着重培养幼儿的审美能力。通过一个比较模糊抽象的故事，使人物、植物、动物等元素能够比较轻松自然地组合在一起，并基于折页这一载体，让幼儿可以 360 度地进行阅读、观察、触摸、感受，不受传统书籍从前到后、翻页式阅读习惯的束缚，给予幼儿充分的阅读自由，既保留了幼儿"白纸般"思维世界面对未知事物的无数可能性，又能通过书籍本身的美感吸引幼儿的兴趣，激发幼儿的好奇心、感受力、想象力，从而培养幼儿的审美能力。

图 5-100　《狐狸与猎人》结构探索

图 5-101　《狐狸与猎人》过程

图 5-99　《狐狸与猎人》展开效果图

图 5-102　《狐狸与猎人》效果 1

（设计：闵钢）

■ 二、设计反馈

玩具书最好的反馈者莫过于它的消费者儿童，从幼儿园收集玩具书的反馈，有的作品学生通过身边的小朋友拿到第一手的反馈信息。这样的设计与构思与终极消费者直接对话，才是最有效的评价。

把小班的儿童分成了五组，设计的作者拿着设计的作品给每一组进行讲解，得到小朋友的反馈，小组成员对每组的小朋友进行观察和记录。

观察对象：小班 3 ～ 4 岁

观察时间：2016 年 3 月 23 日

观察人数：29 人（男 15 人，女 14 人）

观察地点：树人幼儿园课室

观察主题：作品反馈信息

1. 谢小硕（化名）

独生子女。有些好动，经过老师提醒后会注意，但坚持时间不长。喜欢看热血动漫。

2. 陈小然（化名）

很聪明，思维能力达到中班水平，说什么很明白，但是有时候有脾气，在老师面前会收敛。

3. 迟小延（化名）

上课比较认真，学习接受能力比较强。

4. 朱小叡（化名）

习惯比较好，精力比较集中，小孩子有些焦虑，与老师之间有距离，与同伴比较和谐。

5. 瞿小宇（化名）

吃东西很慢，行为习惯不好，生气时会无意识地打人，经过老师提醒后能够改正。关心小朋友。

6. 罗小馨（化名）

比较能干，能自己洗澡，爱讲话，表达能力不错，比较懂事，性格比较开朗。但不愿意被老师关注，如果老师关注她就失去兴趣，例如跳操。

7. 王小霖（化名）

比较柔弱，腼腆，还是会表达，性格偏内向。独生子女。

8. 张小小（化名）

有自己的想法，思维方式与其他同学不同，绘画比较有天赋，对色彩比较敏感。比较聪明，私下话很多，人多时话很少，偶尔出现一两次与大家一起行动。喜欢看《动物世界》。

9. 陈小泽（化名）

比较聪明，会看人脸色说话，故意气人。乖的时候嘴巴很甜，有些挑食。

10. 黄小涵（化名）

比较典型的乖乖女，很听话。家里有个哥哥。

11. 李小芝（化名）

比较听话，智力发育偏晚。在接受能力、理解方面弱一些。动作有点慢。

12. 李小芯（化名）

喜欢撒娇，很爱笑。

13. 李小芮（化名）

比较老实，也比较黏人。

14. 林小心（化名）

很听老师的话，怕老师，说什么会做。在学校里会比较内向，妈妈说离开学校就很活泼。会随老师一起唱儿歌。

15. 高小轩（化名）

比较淘气，很可爱，很机灵，被老师批评后会很伤心，很会哄人。

16. 刘小辰（化名）

比较活泼，老师没有表扬她时会情绪低落，但不是很严重。上课比较积极。妈妈特别关注她的教育。

17. 庄小润（化名）

性格很要强，心思比较敏感。比如老师不让他骑自行车，他就会很生气。不懂得和人分享，什么都要按照自己的喜好来。午休时需要老师陪伴。

18. 吴小涛（化名）

模仿能力强，学老师说话的口吻特别像。和其他孩子相比，行动有些缓慢，跟不上老师的节奏。平时调皮捣蛋，父母即便看到也不会管。

19. 陈小鑫（化名）

学期内进步最大，是个很会表达爱意的小姑娘。但遇到问题时会显得有些急躁，还会模仿祖母的口吻教育别人。

20. 孙小霏（化名）

性格比较固执，要做什么就必须做到。比较能干，自理能力较强，接受能力也很好。

21. 董小恩（化名）

表面比较安静，实际上很淘气，是比较受欢迎的孩子。

22. 李小源（化名）

智力发育比同龄人晚一些，自理能力、表达能力较差，跟不上老师的节奏，但性格非常开朗。不喜欢睡午觉，总是找各种借口想回家。

23. 黄小羲（化名）

这个学期比较淘气，不愿意听老师的话。性格不算开朗也不算内向。

24. 王小雯（化名）

性格比较温柔，很腼腆。接受能力还可以，上课认真。有时候很淘气，不听老师讲话。

25. 涂小桥（化名）

比较大众化，性格不算开朗，也不算内向。大部分时候比较乖，偶尔会有精力不集中的情况。家里有个哥哥，关系很好。

26. 赵小晨（化名）

偶尔出现注意力不集中的现象，老师私下指出来会比较听话。看起来很淘气，实则很听话，很会讨人喜欢。家长会比较关注教育问题，家里老人也会格外注意教育方式。

27. 邓小蝶（化名）

特别可爱的小姑娘，很会讨人喜欢。接受能力很强，平时会经常问老师问题，表达能力也很强。和同学关系融洽，性格很好。午休时会比较想妈妈。

28. 吴小秋（化名）

胆子比较小，参加这种活动对他来说是个非常大的挑战，会被吓哭。因为生病身体不太好，比其他小朋友更容易请假。在活动中不会主动提出自己的需求，非常依赖家长。

29. 蒲小嫣（化名）

比较懂事，能力强，接受度比较高。但控制力不太好，偶尔会出现扰乱课堂的行为，有时不听老师讲话。家长比较关注孩子的成长，说她特别需要别人的关爱。

（一）《Flower》案例反馈

A. 儿童行为观察

第一小组　4人（男2人，女2人）

图 5-103　第一组小朋友与《Flower》

1. 陈小泽和邓小蝶对玫瑰有明显反应。

2. 黄小涵在被老师拍照时显得开心，主动配合。

3. 陈小泽对向日葵的反应夸张。

4. 赵小晨感冒了，流鼻涕，咳嗽。

5. 黄小涵始终表现得文雅内敛。

6. 邓小蝶常回头看她身后的记录者，表情警觉，或者好奇。

7. 孩子们始终都不太专心，除了小泓涵一直跟着老师的节奏。

第二小组　6人（男3人，女3人）

图 5-104　第二组小朋友与《Flower》

1. 庄小润一开始便很兴奋、很快乐的样子。

2. 小朋友们都想获得玩具花别于发间，李小芝喜获，庄柏润在其对面怪笑。

3. 庄小润的反应较慢，前两次举手明显滞后。

4. 李小芝要花心切，不满足于一朵。

5. 王小雯在被拍照时没有太多的面部表情。

6. 李小芝欲将花据为己有，并坚决用手臂护头。老师开导以后，妥协。

7. 庄小润主动引发事端，击打翟小宇，翟小宇略有还击，事态未升级。

8. 翟小宇又去挑衅董小恩，他们对此类事表现得习以为常，事态未升级。

9. 蒲小嫣在点心时间表现得相当迅捷，很快便去取回自己的杯子，坐于桌前，把弄空杯子。

第三小组　6人（男3人，女3人）

图 5-105　第三组小朋友与《Flower》

1. 迟小延声称自己见过玫瑰，因此很兴奋。

2. 黄小羲惊呼"仙人掌"。

3. 孙小霏较为亢奋，会重复着将已学到的花名大声喊出来。

4. 林小心没有太多的动作和言语。

5. 几乎无人举手示意想要别向日葵图饰，

除了迟小延，大概是习惯性地举手。

6. 此小组明显不如前两组兴奋，尤其是林小心，基本已无心于此。

7. 黄小羲突然提高了参与欲，并在老师的鼓励的刺激下，愈发兴奋。

8. 合影时，黄小羲表现出让人看不懂的动作和表情。

9. 林小心不喜欢拍照。

第四小组　5人（男4人，女1人）

图 5-106　第四组小朋友与《Flower》

1. 谢小硕兴奋但不太专心。

2. 陈小然说出了仙人掌的名字。

3. 被问及谁愿佩戴百合花时，无人举手。说到睡莲时，唯谢小硕应答。

4. 吴小秋因知道向日葵而兴奋。

5. 陈小然因听到有人唱歌而分神环顾四周。

6. 谢小硕在亢奋之后逐渐恢复平静。

7. 现在谢小硕开始玩自己的鞋子，伴以胡乱地数数。

8. 孩子们在将花还原时，都很配合。此时谢小硕已心不在焉，他左右环顾寻找着什么，口中念念有词。

9. 吴小秋常以双手支于桌面，跺脚来表达兴奋。

第五小组　6人（男4人，女2人）

图 5-107　第五组小朋友与《Flowe》

1. 吴小涛挑衅高小轩，被还击后用手拍桌子。事态未升级。

2. 陈小鑫表现很兴奋。

3. 吴小涛和陈小鑫因争书起了冲突。涂小桥和陈小鑫二人趴于桌面，双手齐伸向吴小涛。事态未升级。

4. 吴小涛说自己喜欢百合花。

5. 吴小涛又挑衅陈小鑫，但二人看起来是友好的。

6. 李小芮、李小芯姐妹表现得谦和互爱。

7. 吴小涛此时与游戏的中心表现出疏离感，无心于玩具。

8. 高小轩和陈小鑫再次因争抢而冲突，陈小鑫尖叫。事态未升级。

9. 陈小鑫现在又兴奋快乐地蹦跳。

10. 李小芮、李小芯姐妹和陈小鑫都对老师表现出亲密和不舍。

11. 此时陈小鑫的快乐表情有些夸张。

结论：小朋友普遍较喜欢这本玩具书，特别是其中的羊毛毡发卡部分，对于自己熟悉的花情绪很高，不熟悉的花也很积极地学习。因为是布艺书，所以基本没有被损坏。但因为趣味性稍弱，讲到后面的时候，部分小朋友的注意力开始有些分散。

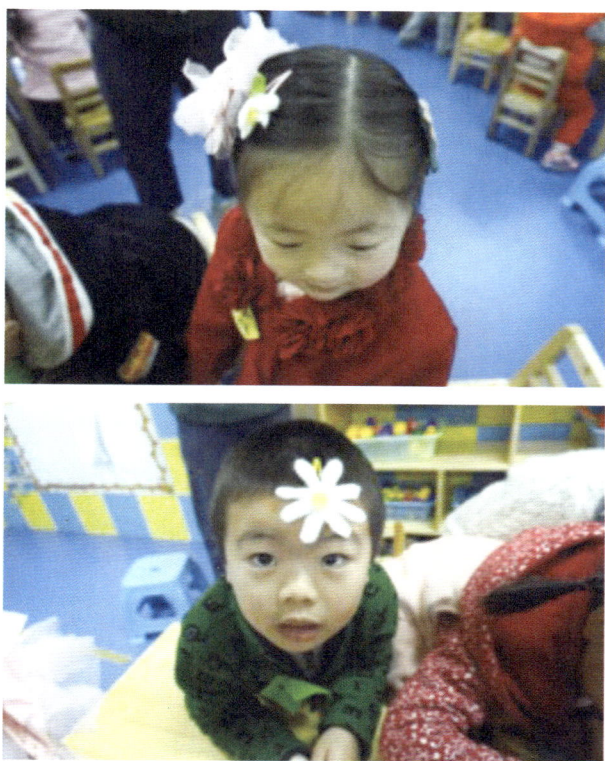

图 5-108　小朋友们与《Flower》

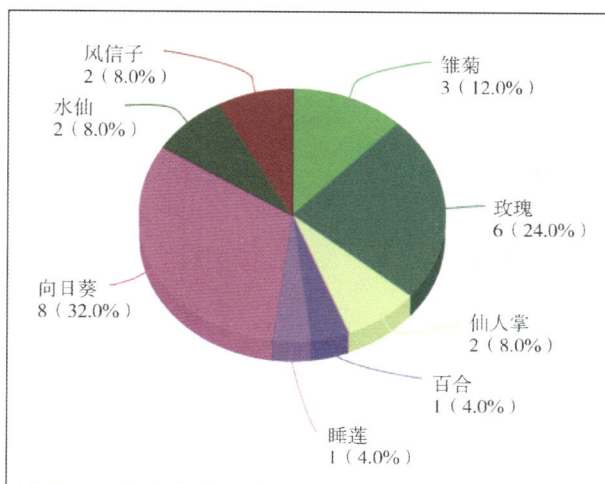

图 5-109　不同花幼儿喜欢的比例

B. 反馈总结
a.《Flower》喜欢程度
1. 特别喜欢
陈小泽和邓衣蝶对玫瑰有明显反应。

小朋友们都想获得玩具花别于发间。

2. 喜欢
迟小延声称自己见过玫瑰，因此而兴奋。陈小然说出了仙人掌的名字。

3. 一般
三组几乎无人举手示意想要别向日葵发卡。

除了迟小延大概是出于习惯性的举手之外，谢小硕开始玩自己的鞋子，伴以胡乱地数数。

4. 不喜欢
林小心没有太多的动作和言语，基本已无心于此。

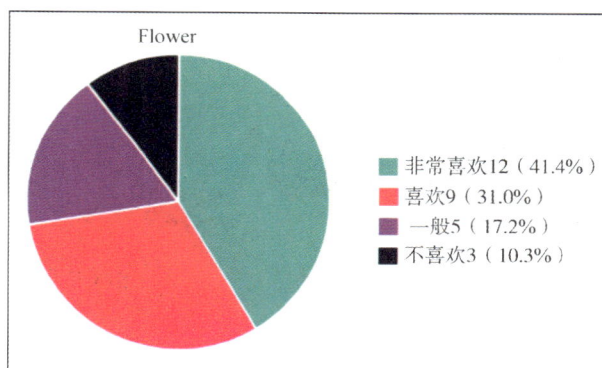

图 5-110　《Flower》幼儿喜欢页数饼状图

b. 关注度分析
·向日葵：陈小泽对向日葵的反应夸张。

·玫瑰：迟小延声称自己见过玫瑰，因此而兴奋。

·注意力集中时间：10 分钟左右。

·高潮点：分配羊毛毡发卡的时候。

·关注点：是否是自己认得的花朵。

（二）《小丑马戏团》案例反馈

A. 儿童行为观察

第一小组

1. 陈小泽问记录者："你是住木星还是土星？"记录者没有回答。陈小泽继续问："你是住地球的吗？"记录者说："是的。"然后他就很满意地回到座位。

2. 赵小晨很兴奋地趴在桌面，双脚腾空。邓小蝶亦然。

3. 黄小涵依旧表现得文雅。

4. 邓小蝶渴望跟书离得更近，将椅子尽量往前挪移，其身子便夹于桌椅之间。

5. 陈小泽用手阻挡赵小晨的逼近。

6. 赵小晨积极参与。

7. 黄小涵猜出了小白兔。

图 5-111　第一组小朋友与《小丑马戏团》

第二小组

1. 林小心依旧漠然。

2. 迟小延认出了气球和马。

3. 迟小延参与欲极高。说"没见过变魔术""这个真好玩"等。

4. 李小源在拍照时表现得很愉悦。

5. 林小心无心拍照。

6. 孙小霏和迟小延勤于数数。

7. 林小心对身旁的记录者表现出警觉，好像还有点不悦。

图 5-112　第二组小朋友与《小丑马戏团》

第三小组

1. 谢小硕边拍打手里的橡皮泥，边说"小丑很搞笑"。

2. 罗小馨说"小丑好丑啊"。

3. 陈小然积极配合老师的游戏。

4. 谢小硕又在自言自语说些听不懂的话。

5. 谢小硕又在说"搞笑……"。

6. 在被问及是否喜欢此书，众人几乎无回应。

图 5-113　第三组小朋友与《小丑马戏团》

第四小组

1. 陈小鑫先是站在椅子上，后改为蹲。

2. 吴小涛表现得很想动手去玩书。

3. 高小轩因为没有分到票而略显失落。

4. 陈小鑫在情急之下说话带有强烈的肢体语言。

5. 高小轩和涂小桥陷入争抢状态，涂小桥轻易便激动。事态未升级。

6. 李小芮、李小芯姐妹依旧和睦。

7. 陈小鑫很亲近老师。

8. 李小芮很喜欢老师，想和老师玩某个游戏，并同老师耳语。

第五小组

1. 李小芝好奇此书，并伸手去抓。

2. 蒲小嫣自顾自地玩橡皮泥。

3. 蒲小嫣见记录者在笑，便问"笑什么？"话里带有些许轻蔑和不屑。未等记录者回答，她便转头玩自己的了。

结论：小朋友看到玩具书封面的小丑时情绪比较高，对故事的兴趣不大，但对其中的一些小道具以及动物的图片十分感兴趣。因为页数较少，虽然玩的时候注意力比较集中，但是玩的时间较短。小朋友对纸质书还是有一定的破坏性，需要引导他们爱惜玩具书。

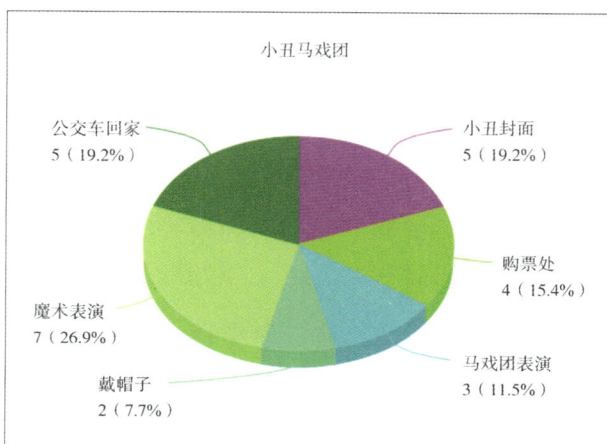

图 5-114　《小丑马戏团》内容喜欢比例

B. 反馈总结

a.《小丑马戏团》喜欢程度

1. 特别喜欢

邓小蝶渴望跟书离得更近，选择将椅子尽量往前挪移，其身子便夹于桌椅之间。迟小延参与欲极高，说"没见过变魔术""这个真好玩"等。

2. 喜欢

李小芝好奇此书，并伸手去抓。孙小霏和迟小延勤于数数。

3. 一般

谢小硕边拍打手里的橡皮泥，边说"小丑很搞笑"。迟小延认出了气球和马。

4. 不喜欢

蒲小嫣自顾自地玩橡皮泥。

b. 关注度分析

· 魔术表演：迟小延参与欲极高，说"没见过变魔术""这个真好玩"等。

· 购票处：高小轩因为没有分到票而略显失落。

· 注意力集中时间：7 分钟左右。

· 高潮点：最开始看到封面上的小丑的时候。

· 关注点：数玩具书上的小动物的时候。

· 对故事的反应：对小丑有较大的反应，对玩具书的故事情节不是特别感兴趣，但是对指动物与数数情绪很高。

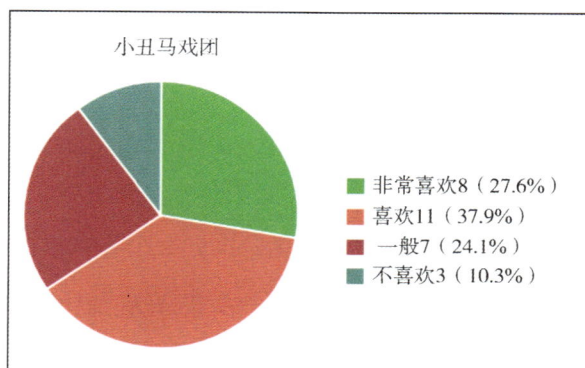

图 5-115　《小丑马戏团》喜欢程度

（三）《狐狸与猎人》案例反馈

A. 儿童行为观察

第一小组　7人（男5人女2人）

1. 李小源和高小轩在被拍照时很兴奋地配合，并摆出各种手势。

2. 吴小涛主动提出"我们要玩玩具"。

3. 高小轩发出一些怪叫。

4. 游戏过程中，朱小叡用好奇的眼神观望记录者。

5. 吴小涛拍桌子跺脚，说要玩玩具。

6. 高小轩和李小源好奇地要急于打开玩具。

7. 陈小泽和高小轩起身，想把玩具书看个究竟。

8. 吴小涛很快乐，跺着脚喊"好大一个森林，好大一个树枝"。

9. 高小轩此时参与欲很强烈。

10. 吴小涛再次起身看投影。

11. 吴小秋坐在一旁没有言语。老师招呼他，他也没有太大兴趣。

12. 所有人都围上去的时候，唯有朱小叡坐在原处。

13. 陈小泽、高小轩、李小源此时兴奋异常，非要走上前去指认自己所见之图形。

14. 邓小蝶动手去摆弄玩具书，被制止。

15. 朱小叡、陈小泽、高小轩、吴小涛、李小源此时已趴在放玩具书的桌子上，高小轩更是直接跪上前去。

16. 高小轩兴奋得手舞足蹈。

17. 高小轩现在又转身去玩别的小东西去了。

18. 吴小涛说他看见了楼梯和狼，并起身去指认。

19. 高小轩又起身去指认自己之所见。

20. 吴小涛将一小块橘子皮在手上把玩，后又放入口中。

21. 吴小涛和李小源有简短的私下交流。

图 5-116　幼儿与作品互动

第二小组

1. 李小芯拾起一枚纸片交给老师。

2. 李小芯好奇地起身看玩具书。

3. 李小芯指出了"小狐狸"图案。还说"星星要掉下来了"。

4. 李小芯因惊奇而说了一个长声的"哇——"。

5. 李小芯和黄小涵因看见玩具书的内貌而惊奇地捂住自己的耳朵。

6. 陈小鑫走上前去指认自己看到了山、小箭头。

7. 李小芯被前方的陈小鑫挡住了视线，便叫陈小鑫坐下来。陈小鑫未应，李小芯便不满地在空中甩了一下手臂。

8. 王小霖戴上了衣服上的帽子，在外围努力地观看。

9. 王小霖、陈小鑫、涂小桥三位男生趴在桌子上观看，黄小涵和李小芯两位女生站在一旁观看。

10. 王小霖不小心跌倒了，李小芯热心地去将他扶起。

11.陈小鑫去推李小芯，并将其几乎弄哭。之后李小芯坐在老师怀里接受安慰。

12.陈小鑫此时又想爬上桌子。

13.陈小鑫很兴奋地大喊自己所看到的图像，说自己看到了一个小超人。

14.涂小桥坐在一旁比较安静。

15.陈小鑫又在说自己看见了好多内容。

图 5-117　《狐狸与猎人》与第二组小朋友

第三小组

1.翟小宇一开始很好奇地问："那是什么？"

2.翟小宇和吴小秋移动椅子往放玩具书的桌子靠拢。

3.王小雯回头看别人举着的相机。

4.翟小宇因急于看清图像而起身。

5.李小芮也因急切而跺脚。

6.翟小宇伸臂，显出对玩具的渴望状。

7.庄小润叫了一声"哇——"。

8.全体都起身围观。李小芮问了一声："狐狸在哪儿？"

9.庄小润很开心地叫道："看到了！"他兴奋地跺脚，并走上去指认自己之所见。

10.庄小润举手，好像欲言又止。

11.庄小润再一次率先起身去寻找图案。

12.董小恩起身去看图像，并伴随身体的摆动。

13.李小芮、董小恩、王小雯在被拍照时很配合地摆出手势。

14.观看结束后，吴小秋站在人群中显得茫然。

图 5-118　《狐狸与猎人》与第三组小朋友

第四小组

1.李小芝主动回答老师的问题。

2.蒲小嫣鼓掌时表现得很兴奋。

3.黄小羲很主动地说"星星的故事"。

4.迟小延因听到了故事，很惊奇地吸了口气。

5.蒲小嫣在游戏过程中常抠鼻子。

6.迟小延又因听到了什么而有所反应。

7.李小芝因听到了"小狐狸"而兴奋。

8.大家都在笑时，唯有孙小霏不怎么笑。

9.迟小延很兴奋，几乎接近尖叫状态。

10.孙小霏在老师取玩具的时候若有所说。

11.李小芝大叫着去指认猎人图案。

12.黄小羲起身去指认猎人，说"他在找鹿"。

13.黄小羲主动起身回答老师问题。

14.蒲小嫣通过身体的扭动表达想要扩张自己的座位面积。

15. 黄小羲很投入地回答问题，并用手比画地球的形状。

16. 迟小延也在用手比画着。

17. 此时黄小羲吐出舌头，舌头基本已接触下巴。

图 5-119　第三组小朋友开心听故事

18. 黄小羲再度起身去看投影。

19. 蒲小嫣坐在原座上指认图像。

20. 迟小延大声喊，说喜欢这个故事。

图 5-120　《狐狸与猎人》与小朋友们

第五小组

1. 谢小硕坐在座位上自言自语，摇摆身体。

2. 谢小硕回答老师的问题，说"玩具"。

3. 陈小然回答老师的问题，说"枪"。

4. 谢小硕重复回答"猎人""看过"等。

5. 罗小馨听讲解时嘟着嘴。

6. 谢小硕总在第一时间回答老师的问题。

7. 赵小晨在听老师讲解时摇动腿。

8. 此时陈小然起身去指认所见之图像。

9. 罗小馨和赵小晨也起身去指认图像。

10. 林小心此时显得比较沉默。

11. 谢小硕口中念念有词"猎人、猎人……"，并上前去指认。

结论：这本玩具书的形式对于小朋友来说很有新鲜感，而且故事不复杂又很生动，让小朋友可以很轻松地接受。在结合玩具书讲故事的时候，小朋友的注意力都很集中。在玩这本书的时候，小朋友和讲解人的互动非常多，不过因为玩具书本身很精细脆弱，所以小朋友和玩具书的互动较少。

图 5-121　《狐狸与猎人》光影效果

B. 反馈总结

a.《狐狸与猎人》喜欢程度

1. 特别喜欢

吴小涛很快乐，跺着脚喊"好大一个森林，好大一个树枝"。

迟小延大声喊，说喜欢这个故事。

2. 喜欢

陈小泽和高小轩起身，想把玩具书看个究竟。

李小芯指出了"小狐狸"图案，还说"星星要掉下来了"。

3. 一般

王小霖戴上了衣服上的帽子，在外围努力地观看。林小心显得比较沉默。

4. 不喜欢

吴小秋坐在一旁没有言语。老师招呼他，他也没有太大兴趣。

b. 关注度分析

打开书时的幼儿状态：王小霖、陈小鑫、涂小桥三位男生趴在桌子上观看，黄小涵和李小芯两位女生站在一旁观看。

打开光源照射到图书时的幼儿状态：庄小润很开心地叫道："看到了！"并兴奋地跺脚。走上前去指认自己之所见。

注意力集中时间：10分钟左右。

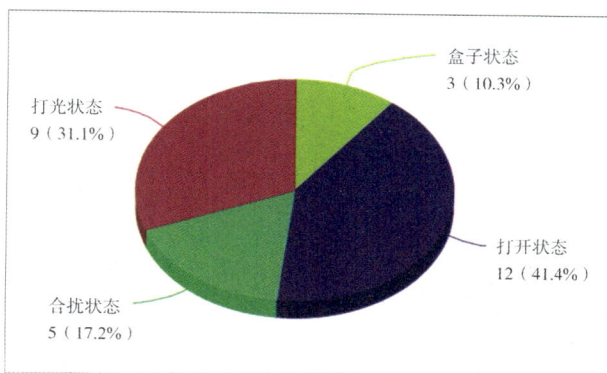

图 5-122　《狐狸与猎人》关注度分析

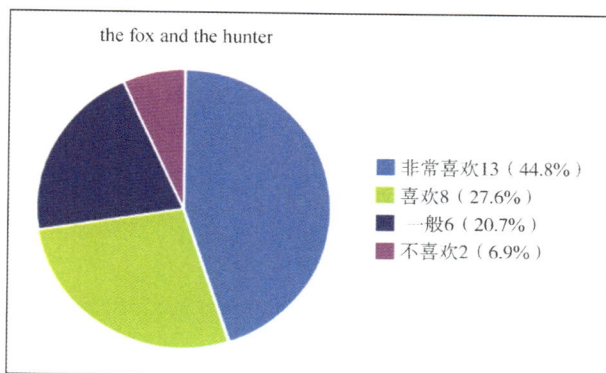

图 5-123　《狐狸与猎人》喜欢程度

高潮点：玩具书从盒子里拿出来完全打开的时候。

关注点：在讲《狐狸与猎人》的故事的时候对故事的反应：小朋友们基本上都非常喜欢故事情节，听得十分认真，在让小朋友找狐狸和猎人还有开始给故事书打光的时候大家的情绪都很高，全程都跟着讲解人的思路玩耍。

设计反馈是对玩具书设计的最有效的评价方式，通过幼儿园的多次实践体验，多次检验设计方案，不断地进行改进与提升。幼儿其实是最好的老师，他们提出需求和给出评价，是最为客观的呈现。

从设计反馈来看，幼儿们对玩具书充满着很强的好奇心，对各种不同形态的玩具书产生了浓厚的兴趣，两只小眼睛放着光，对学生是最大的鼓舞。从中发现，学生在与幼儿沟通的过程中，激发了他们的创造力和想象力。幼儿是玩具书设计最好的老师，孩子是最具有创造力的对象，是玩具书设计的消费者和创造者。

设计反馈也是设计测试阶段，是玩具书设计非常重要的部分，也是设计的重要的闭环阶段，通过将幼儿的反馈给设计师，设计师再进行设计方案的调整和修订，不断地完善设计方案，最终的作品和方案才会是最适合幼儿学习和玩耍的。

结语

　　在当今和谐社会的环境下，以幼儿为主体，从幼儿的感官和好玩的心理入手，设计真正属于他们行为习惯的好玩的书。幼儿书设计就像展现一组影像，有画面，有声音，有味道，调动他们的感官去认识、体验、感受世界，开发他们的潜能。幼儿书的设计不再是纸上谈兵，将会从无生命走向有生命，从二维走向三维，从书面化走向生活化，走入幼儿的真实世界，让幼儿在玩中得到生活化的教育，对幼儿德行的培养、知识的增长和自信心的提高起到了潜移默化的作用。

　　将幼儿的玩与学的思想融入书籍设计中，运用玩具和书相结合的设计方法，使幼儿的书变得生动起来。幼儿对玩具书产生兴趣，从而引发读书的兴趣，为将来的发展播下了种子。其实，阅读不仅限于书，身边的一切事物都是我们阅读的对象，是幼儿学习和感受的对象。

　　幼儿书的玩具化设计研究幼儿的心理和行业特点，顺应当代幼儿书的发展趋势，将与幼儿一起发展。幼儿书的玩具化设计是一种发展的、人性的、互动的、趣味的设计的探索。

老师、学生、孩子大合影

致谢

　　非常感谢树人幼儿园的园长、老师以及孩子们的大力支持，他们为本书中的玩具书设计提供了最理想的测试场所。同时，也要感谢家长们的支持和配合，他们与我们共同开展了这项玩具书设计课题。

　　本书的成功离不开那些充满创意、活力十足的设计者们。设计过程中，我们充满了乐趣，充满了想象力，充满了活力。此外，还要感谢那些提供宝贵玩具书案例的人们，他们在学术上给予了我们极大的支持。

参考文献

［1］王娜娜.纸本玩具书的设计发展历程以及其在中国的发展现状［J］.包装工程，2011，32（06）：95-98.

［2］朱薇.我国儿童玩具书市场前景分析［J］.出版广角，2016（08）：60-61.

［3］唐莉.我国儿童立体书的出版现状与创新方向［J］.出版广角，2022（11）：64-67.

［4］史雯华.增强现实技术在立体书中的应用［J］.中国出版，2021（08）：35-38.

［5］付久强，张倩倩，孙远波.图式理论视阈下儿童编程立体书设计研究［J］.包装工程，2020，41（02）：36-43.

［6］邓文.童书出版的形式创新与应用［C］//中国科普研究所.中国科普理论与实践探索——新时代公众科学素质评估评价专题论坛暨第二十五届全国科普理论研讨会论文集.科学出版社，2018：76-83.

［7］秦勇.我国儿童触觉类图书的发展探析［J］.出版发行研究，2016（12）：50-53.

［8］周雅琴，王宇晗.探析本土原创童书创新发展的新思路［J］.包装工程，2019，40（02）：76-81.

［9］国务院.关于印发国家教育事业发展"十三五"规划的通知〔2017.01.10〕https://www.gov.cn/gongbao/content/2017/content_5168473.htm

［10］海飞.2010：中国童书出版的"强国元年"——2010年中国少儿出版述评［J］.编辑之友，2011（03）：18-20.

［11］王宜清.重回文学出版现场——2017中国少儿出版热点评述［J］.出版广角，2018（04）：16-19.

［12］新京报.2021年中国图书零售市场报告发布：学术文化类码洋比重上升〔EB/OL〕.〔2022-01-06〕.

［13］张稚丹，张蓉.国内原创立体书完成了从0到1的飞跃并向2.0版本过渡〔EB/OL〕.〔2021-03-18〕.

［14］李宁.新媒体电商发展下的童书营销模式探析［J］.出版广角，2019（14）：54-56.

［15］孙爽.从视觉到触觉的儿童书籍设计研究［D］.中南民族大学，2011.

［16］范晓婕.玩具书与儿童图书的游戏化趋势［J］.编辑学刊，2014（06）：86-89.

［17］文闻.立体书设计与儿童创造力之关系探析［J］.包装工程，2012，33（14）：91-93+101.

［18］齐格．基于视觉叙事理论的湘潭火龙立体书设计研究［D］．湘潭大学，2021.

［19］丁道勇．2014.教育中的兴趣概念［J］．教育学报 10（3）：27–33.

［20］樊杰，兰亚果．2018.杜威基于关系与生长视角的兴趣与教育理论［J］．全球教育展望（5）：47–55.

［21］郭戈．2016.关于兴趣若干基本问题的研究［J］．中国教育科学（2）：155–193.

［22］屠美如．儿童美术欣赏教育研究［M］．教育科学出版社，2001，3.

［23］顾明远，梁忠义．世界教育大系——幼儿教育［M］．吉林教育出版社，2000.

［24］卜卫．媒介与儿童教育［M］．新世界出版社，2002，10.

［25］刘晓东 卢乐珍．学前教育学［M］．江苏教育出版社，2004，12.

［26］刘晓东．儿童精神哲学［M］．南京：南京师范大学出版社，2003，12.

［27］刘晓东．儿童教育新论［M］．江苏教育出版社，1998，7.

［28］许政涛．幼儿园游戏与玩具［M］．北京：北京师范大学出版社，2001，4.

［29］林安全．触觉与前庭平衡游戏［M］．台北启蒙文化事业股份有限公司，1985，8.

［30］孙晓云．少年儿童教育报告［M］．南宁：接力出版社，2002，4.

［31］刘小东 卢乐珍等．学前教育学［M］．江苏教育出版社，2004，12.

［32］沈德立 白学军．试验儿童心理学［M］．安徽教育出版社，2004，7.

［33］霍力岩．多元智力理论与多元智力课程研究［M］．教育科学出版社，2003，1.

［34］梁志新．学前教育学［M］．北京：北京师范大学出版社，1998，3.

［35］斩栋梁．儿童哲学［M］．广州：广东教育出版社，2005，1.

［36］王关兴．阅读求知发展［M］．华东师范大学出版社，2002，6.

［37］冯德全．假期重于学期［M］．中国妇女出版社，2005，8.

［38］屠美如．向瑞吉欧学什么［M］．教育科学出版社，2002，8.

［39］吕江．卡通产品设计［M］．东南大学出版社，2005，3.

［40］oward Gardner.开启多元智能新世纪［M］．台北：信谊基金出版社，1997，4.

［41］（苏）B.C.穆欣娜．儿童心理学［M］．人民教育出版社，1990，2.

［42］马拉古齐．孩子的一百种语言：意大利瑞吉欧方案教学报告书．台湾光佑文化事业股份有限公司，1998.

［43］Giulio Ceppi Michele Zini.儿童、空间与关系［M］．台北：台湾光佑文化事业股份有限公司，2002，6.

［44］（日）七田真．如何培养儿童右脑［M］．科学技术文献出版社，2004，3.

［45］凯瑟琳．费希尔．儿童产品设计攻略［M］．上海：上海人民美术出版社，2003，1.

［46］蒙台梭利．三岁决定一身［M］．河南大学出版社，2001，9.

［47］（美）玛利·霍曼·伯纳德、班纳特·戴维、P·韦卡特活 动中的幼儿——幼儿认知发展课程［M］.人民教育出版社，1995.

［48］（美）H·加登纳.智能的结构.（FRAMES OGMIND）［M］.北京：光明日报出版社，1990.

［49］（美）霍华德.加德纳.多元智能［M］.北京：新华出版社，1999.

［50］（加）Guy R.Lefrancois.孩子们儿童心理发展［M］.北京：北京大学出版社，2004，7.

［51］（英）夏洛特·梅森 Chailette Mason.儿童生来就是人［M］.北京：北京中国发展出版，2003，12.

［52］（德）卡尔·威特.卡尔·威特的教育［M］.上海：上海社会科学院出版社，2003，8.

［53］（德）小卡尔·威特.卡尔·威特的教育 II［M］.上海：上海社会科学院出版社，2004， 11.

［54］（美）艾略特·W·艾斯纳.儿童的知觉与视觉的发展［M］.湖南美术出版社，2002，3.

［55］（美）罗恩菲德.创造与心智的成长［M］.长沙：湖南美术出版社，2002，3.

［56］（英）赫伯·里德.通过艺术的教育［M］.长沙：湖南美术出版社，2002，3.

［57］（美）科汉·盖纳.美术，另一种学习的语言［M］.长沙：湖南美术出版社，2002，3.

［58］（法）卢梭.爱弥儿——论教育（上下册）［M］.北京：商务印书馆，1978，6.

［59］（日）多田信作 多田千寻.世界的玩具事典［M］.东京：岩崎美术社，1989.

［60］王俊.中国古代玩具［M］.北京：中国商业出版社， 2015.

［61］（美）JANE TINGLE BRODERICK， SEONG BOCK HONG.从儿童的兴趣到思维：运用探究循环规划幼儿园课程［M］.中国轻工业出版社， 2022.

［62］UWE FLICK.质性研究导论［M］.台北：五南图书出版股份有限公司， 2010.

［63］蒋希娜.儿童功能游戏设计研究［M］.北京：中国国际广播出版社， 2022.

［64］孙欣.民间玩具［M］.合肥：时代出版传媒股份有限公司 黄山书社， 2016.

［65］陈思宇.木质玩具设计攻略［M］.化学工业出版社， 2020.

［66］（荷）约翰·赫伊津哈.游戏的人：文化中的游戏成分研究［M］.广州：花城出版社， 2007.

［67］（加）居伊·勒弗朗索瓦.孩子们——儿童心理发展［M］.北京：北京大学出版社， 2004.

［68］黄洁， 王泉根.中国百年童书精品图鉴［M］.北京：人民教育出版社， 2017.

［69］（哥伦比亚）卡洛斯·伊格拉.如何设计一本有爱的儿童书［M］.沈阳：辽宁科学技术出版社， 2017.

［70］王晓丹.儿童图书设计［M］.桂林：广西师范大学出版社， 2016.

［71］王晓丹.儿童图书设计［M］.桂林：广西师范大学出版社， 2016.

［72］杨清贵.立体书不可思议：立体书简史与收藏指南［M］.西安：陕西人民教育出版社， 2018.

［73］班固.汉书［M/OL］.毛氏汲古阁，1642.http://read.nlc.cn/OutOpenBook/OpenObjectBook?aid=892&bid=21959.0.

［74］Wu P，Kuang-Yi F，Heien-Kun Chinag，Feng CW，Pei-Chi L.2018.The influence of applying augmented reality to a pop-up book on creative thinking.The International Journal of Arts Education 13（2）:35-44.

［75］Sniderman Z.2012.Do tablet apps and ebooks spell the end of pop-up books?：It's too early to say that pop-up books are dead，but it seems clear that a lot of the fun they presented has been channeled into ebooks and book apps for kids.Newsweek Web Exclusives：.

［76］Begay M.2015.Designing children's interactive pop-up books：Creating enhanced experiences through the incorporation of animation principles and interactive design.United States-New York：Rochester Institute of Technology.75 p.

［77］Serafini，F.，& Moses，L.（2023）.An analysis of the semiotic resources of contemporary movable picturebooks.Bookbird，61（2），26-36.doi:https://doi.org/10.1353/bkb.2023.0021

［78］Dewey，John.1944.Democracy and Education.New York：The Free Press.

［79］Adorno，Theodor W.2009."Kultur and Culture." Social Text 27（2）：145-158.

表索引

图索引